Elke Montanari
Spiel mit Deutsch
Kinder als Sprachforscher und Entdecker

Elke Montanari

Spiel mit Deutsch

Kinder als Sprachforscher und Entdecker

HERDER

FREIBURG · BASEL · WIEN

Für Mizgin und Saranda

Gedruckt auf umweltfreundlichem, chlorfrei gebleichtem Papier

Umschlaggestaltung: Reckels und Schneider-Reckels, Wiesbaden
Umschlagillustration: Susanne Bochem, Mainz
Foto im Innenteil: Elke Montanari, Frankfurt am Main
Illustrationen: Susanne Bochem, Mainz

Alle Rechte vorbehalten – Printed in Germany
© Verlag Herder Freiburg im Breisgau 2006
www.herder.de
Gesamtherstellung: fgb · freiburger graphische betriebe 2006
www.fgb.de
Satz: Layoutsatz Kendlinger
ISBN-13: 978-3-451-28927-9
ISBN-10: 3-451-28927-X

Inhalt

Ein Spielmaterial für Kinder ab 5 Jahre

Kinder als Sprachforscher und Entdecker

Mike und Alessio (beide 5 Jahre) basteln und kleben.

Mike: Ich kenne viele Trick**e**!
Alessio: Trick**s**!
Mike: Sag ich doch, Trick**se**.

Kinder reden häufig über Sprache und tauschen sich darüber aus, „wie etwas heißen muss". Können wir ihre Gespräche über Sprache für die Sprachförderung nutzen? Wenn für Kinder offensichtlich das Bauen von Sätzen ein genauso einfaches oder kompliziertes System ist wie das Bauen eines Turmes – können wir Spiele finden, in denen wir ihr Nachdenken über Sprache einen Platz erhält? In denen wir die Kinder stärken, motivieren, anregen, ihr Nachdenken über Sprache auszubauen?

Diese Fragen standen am Anfang der Konzeption. Sie haben zu einem Spielmaterial geführt, bei dem das Entdecken und Erforschen von Sprache – sprachlichen Handlungen, Strukturen und Wortschatz – im Vordergrund stehen. Fantasie, Mut und Spaß sind dabei die wichtigsten Helfer.

Eine Lupe im Sprachdschungel?

Bei der Konzeption der Idee „Spiel mit Deutsch – Kinder als Sprachforscher und Entdecker" sind wir davon ausgegangen, dass das alltägliche Angebot an sprachlichen Strukturen nicht ausgereicht hat, damit die Kinder Sprache in befriedigender Weise erwerben konnten. Daher werden Spielsituationen vorgeschlagen, die jeweils bestimmte sprachliche Phänomene gehäuft anbieten. So werden die Kinder angeregt, ihre Aufmerksamkeit auf etwas zu lenken, es bewusst wahrzunehmen und „wie mit einer Lupe auf Sprache zu schauen" – auf einmal erscheint manches vergrößert, wird deutlich sichtbar, was in seiner alltäglichen Einbettung untergeht, „verschluckt wird" oder phonetisch nicht realisiert wird.

In *Spiel mit Deutsch* werden zum Kinderthema „Sprache bauen" Impulse angeboten, mit denen die Kinder erleben, wie spannend das Erforschen von Sprache ist. Sie untersuchen Artikel in einem DER-Frühstück, denken über SIND und IST nach, indem sie Gegenstände in Socken erfühlen und erraten. Sie suchen Zauberformeln und beschreiten dazu kreative Wege.

In der Praxis erprobt

Die Ideen wurden zunächst mit Erzieherinnen und Lehrerinnen in vielfältigen Workshops bei Fortbildungen und Tagungen in Hessen, Baden-Württemberg und Rheinland-Pfalz diskutiert und weiter entwickelt. Anschließend wurden die Sprachlupenspiele in mehreren Kindertagesstätten in Rheinland-Pfalz und in einer Frankfurter Grundschule mit Kindern ausprobiert, verändert, neu gestaltet ... und schließlich zu diesem Buch zusammengestellt.

Aus der Erprobung: Wie sieht ein Außerirdischer mit Namen Yppso aus, der alles mehrere Male hat, was wir nur einmal haben? Und der alles das einmal hat, was wir mehrere Male haben? Während wir uns Yppso vorstellen, malen, kneten oder aus Pappmaché herstellen, entstehen viele Kindergespräche darum, was unser Außerirdischer hat und wie man es ausdrückt: „Hat er zwei Münde oder Münder?", „Wie viele Bauche?", „Zwei Bäuche!" – dies sind einige Ausschnitte aus den Fragen und Antworten der Vorschulkinder. Dann erfahren die Kinder ihre Körper mit allen Sinnen, streichen mit Federn über die Haut und fühlen die Haare, während sie dies beschreiben. Als nächstes nehmen wir uns den Zauberkreis vor: Wie zaubere ich aus einer Nase viele? In einem Kreisspiel entdecken wir fünf Zauberformeln, die die Kinder aufmalen.

Am Ende sind die Kinder sind zufrieden mit ihrem Plakat. Weil ihre Meinung wichtig ist und sie das erfahren sollen, sprechen wir darüber, wie ihnen die Stunde gefallen hat. „Gut", antworten sie, ich darf wieder kommen.

Hintergründe

Als kompetente Sprecherin des Deutschen wissen Sie, wie etwas korrekt ausgedrückt wird, wie eine Geschichte erzählt wird und welche Worte für ein Streitgespräch passen. Doch welche Regelhaftigkeiten in einer Sprache wirken, ist nur selten bewusst – warum heißt es „den" und „der", wieso heißt es „ohne **die** Tasche", aber „mit **der** Jacke" und vieles mehr. Diese Fragen werden in den *Hintergründen* behandelt. Sie verständlich darzustellen, ist eine Gratwanderung zwischen einem angenehm lesbaren Text und der nötigen Präzision, zu der auch Fachbegriffe gehören.

Aus der Erprobung: Bei dieser Gratwanderung gab es, wie bei allen echten Experimenten, auch einige Abstürze in weniger gelungene Passagen. Aufrichtigen Dank dafür den Erzieherinnen, die mich darauf hinwiesen! Diese Teile wurden neu geschrieben.

Spiel mit Deutsch – das steckt drin

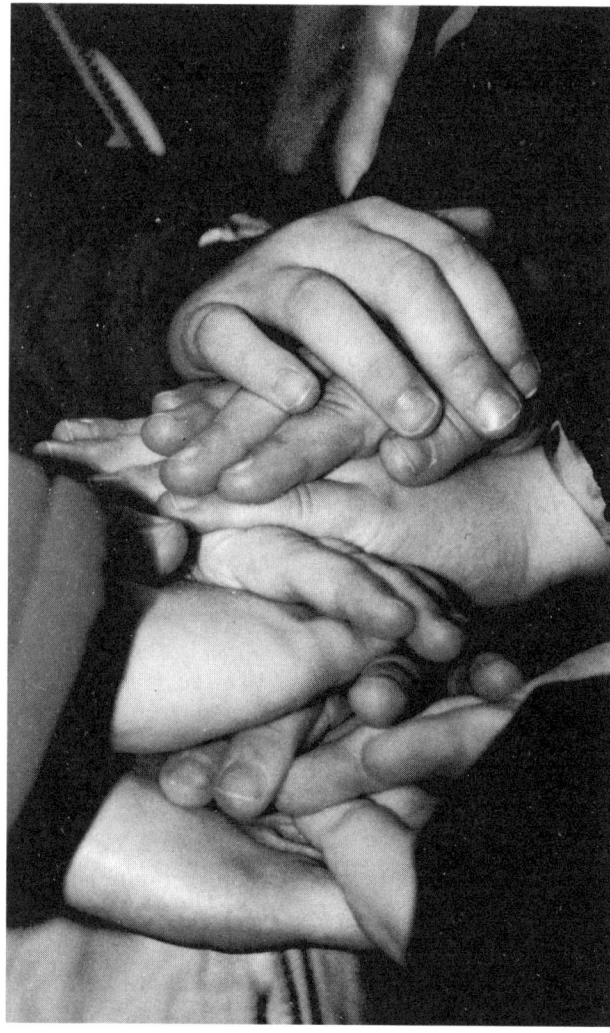

Sind das seine oder ihre Hände? (Händeturm in Einheit 4)

Das Material

- bietet Kindern, Erzieherinnen und Lehrerinnen eine Vielzahl von Spielen mit Sprache und Strukturen an,
- bezieht ganzheitlich alle Sinne ein,
- gibt Impulse auf vielen Ebenen (Wortschatz, Syntax, sprachliches Handeln, Semantik, Umgang mit Texten, hören/lauschen),
- ermöglicht nachhaltige Fortschritte, weil es zum eigenaktiven Lernen ermutigt,
- unterstützt die Kinder darin, ihren Deutscherwerb zu reflektieren, zu kommentieren und zu dokumentieren,
- kann auf Situationen, Zeiten, Möglichkeiten vor Ort abgestimmt werden,
- macht eine flexible Planung möglich, da die Angebote mit anderen Themen vernetzt werden können,
- ermöglicht klare Zielsetzungen und Absprachen, z.B. für Übergänge,
- bindet die Familien ein,
- bezieht die Mehrsprachigkeit der Kinder ein,
- nimmt eine interkulturelle Perspektive ein,
- kann frei mit anderen Materialien kombiniert werden,
- macht Spaß.

Jede Einheit besteht aus

- einem Thema,

- passenden Wortschatzangeboten,

- den Angeboten für Sprachforscher, mit denen die Kinder ein Thema unter die Lupe nehmen und Strukturen selbst erforschen,

- Spielen, kreativen Einheiten und Sinneserfahrungen wie Domino, Bewegungsspielen, Malen, Gestalten, Riechen, Tasten, Essen und vielem mehr,

- Anregungen zum sprachlichen Handeln wie Diskutieren, Kinderkonferenz, Mentoren,

- Vorschlägen zum genauen Hinhören, Lauschen und zur Aussprache,

- Angeboten, das Lernen zu lernen,

- Möglichkeiten zur Stärkung des Selbstbewusstseins und Vorschlägen, um Freude am Sprechen zu entwickeln, Ermutigung und Erfolge zu erleben,

- einer Familienfrage, die Eltern und Geschwister einbezieht, ihr Interesse weckt und sie an den Fortschritten der Kinder teilhaben lässt.

Alles können Sie verändern – oder den Vorschlägen folgen

Spiel mit Deutsch enthält ein großes Ideenangebot zum Auswählen und Zusammenstellen. Es ist variabel einsetzbar. Alle Kapitel können Sie frei umstellen und die Inhalte auf die Gruppe, Situationen und andere Angeboten für die Kinder abstimmen oder sich von der Reihenfolge der Kapitel leiten lassen. Sie können *Spiel mit Deutsch* mit allen anderen Sprachfördermethoden oder –programmen kombinieren. So können Schule, Vorlaufkurs und Kindertagesstätte das Vorschuljahr gemeinsam planen und jeweils auf die Situation der Kinder und der Gruppe eingehen.

Die einzelnen Kapitel sind wie Kleeblätter:

Jedes einzelne Blatt kann der Zugang zu der Einheit sein:

- ein Thema, das die Kinder gerade beschäftigt,
- eine Situation, die mit einem Kapitel aufgegriffen werden kann,
- sprachliche Situationen:
    zum Wortschatz (wenn Sie wahrnehmen, dass Wörter für Gefühle fehlen),
    zu Sprachstrukturen (wenn Sie feststellen, dass die Kinder nie Sätze bilden),
- Spielsituationen: ein Spiel, das gut zu der Gruppe und in diesen Moment passt.

Spiel mit Deutsch setzt bei dem Wissen der Kinder in vielen Sprachen an. Deutsch zu lernen bedeutet etwas hinzu zu gewinnen, nicht das Eigene zu verlieren. Darum soll *Spiel mit Deutsch* Kinder und Eltern auf dem Weg zur Mehrsprachigkeit unterstützen. Mehrsprachigkeit können Kinder auch zwischen Varianten, Dialekten und Standardsprache erleben. Sie sind daher zu allen Sprachvergleichen herzlich eingeladen. Spiel mit Deutsch ist daher für die Sprachförderung sowohl mehrsprachiger als auch einsprachiger Kinder geeignet.

Das Lernen selbst in die Hand nehmen

Besonders gute Fortschritte können erreicht werden, wenn neben der deutschen Sprache das Lernen Thema wird, zum Beispiel indem die Kinder formulieren, was sie möchten und wie, was schön war und was ihnen vielleicht nicht gefallen hat und warum. Damit machen sie zwei sehr wichtige Erfahrungen:

1. Kinder sind die Hauptpersonen und ...
2. Lernen bedeutet, sich etwas zu nehmen, es in sich aufzunehmen.

Wenn die Kinder Wünsche oder Kritik äußern, können Sie diese sofort umsetzen, reagieren und zeigen: „Du kannst mit deinen Worten deine Welt verändern." Das zeigt ihnen die Macht der eigenen Worte und stärkt ihr Selbstbewusstsein; zusätzlich wird es so möglich, über etwas Tatsächliches zu reden, etwas, dass die Gruppe in diesem Moment tatsächlich tut – an der Sprache arbeiten.
Beim gemeinsamen Entdecken und Forschen wünsche ich allen Beteiligten viel Vergnügen.

Herzlich danken möchte ich den vielen Erzieherinnen und Lehrerinnen, die die Entwicklung von *Spiel mit Deutsch* begleitet, kommentiert, ausprobiert und kritisiert haben. Ohne ihre Nachfragen und ihre Ermutigungen wäre ein derart komplexes Projekt unmöglich gewesen. Ebenso wichtig waren die Kinder, die sich auf die Erprobung und auf neue Sprachspiele eingelassen haben. Ihr Interesse, ihre Begeisterung und ihre Kritik haben *Spiel mit Deutsch* von der Idee zum Buch reifen lassen. Dafür gilt ihnen meine Hochachtung und mein herzlichster Dank.
Ebenso bedeutsam war die Unterstützung derjenigen, die es mir ermöglicht haben, meine Ideen zur Sprachförderung auf Tagungen, Fortbildungen und Kongressen vorzustellen und in Diskussionen weiter zu entwickeln. Für ihren Einsatz bei der Testphase danke ich Daniele Darmstadt wärmstens. Dass sich Partnerinnen und Partner fanden, die zu einer Erprobung bereit waren und sie persönlich wie auch als Ministerium unterstützt haben, war ein besonderer Glücksfall, für den ich den Beteiligten meinen herzlichen Dank aussprechen möchte.

Frankfurt am Main 2006
Elke Montanari

Das bedeuten die Symbole und Schriften

Hintergrundinformationen zum Sprachthema in diesem Kapitel.

IN GROSSBUCHSTABEN sind WÖRTER ALS BEISPIELE gesetzt oder wenn sie für GRAMMATIKALISCHE FRAGEN verwendet werden, z.B.: Wann sage ich ICH?

Sprachbeispiele, Texte und weitere Materialien

sind mit einer eigenen Schrift und mit einem grauen Hintergrund kenntlich gemacht.

Kursiv sind *Anregungen* gesetzt, *wie Sie sich direkt an die Kinder wenden können.*

Pädagogische Ziele – was kann mit dem Spiel, Gespräch erreicht werden?

Kapitel 1–11 beginnen und enden mit Grüßen verschiedener Sprachen. Gerne hätten wir dafür die entsprechenden Schriften verwendet, doch das war drucktechnisch nicht möglich.

Spiele und Gespräche um Sprachstrukturen – Sprachlupenaktivitäten. Hier sind die Kinder besonders als Forscher angesprochen.

Kopiervorlagen zum kreativen Bearbeiten und als Unterlagen für Dokumentationen und zum Sammeln als Gedächtnisstützen. Hiermit kann bereits der Umgang mit Arbeitsblättern ausprobiert und für die Schulzeit vorbereitet werden.

Ein Tipp oder eine Anmerkung

Die Familienfrage – um Anreize zu schaffen, damit auch zu Hause Gespräche über die Sprachförderung stattfinden und um Brücken zum Informationsaustausch in mehrere Richtungen zu bauen.

Hier sind die Kinder eingeladen, ihre Meinung zu äußern, die Sprachförderung zu reflektieren und das eigene Lernen in den Blick zu nehmen - im Gespräch und für die Kinderdokumentation (Kopiervorlagen dazu finden Sie im Kap. „Den gemeinsamen Weg dokumentieren")

Dokumentation für pädagogische Fachkräfte (Kopiervorlagen dazu finden Sie im Kap. „Den gemeinsamen Weg dokumentieren")

Gesamtübersicht

Kapitel	Thema	Reden und handeln	Die Sprachforscher	Unsere Wortschatzkiste	Spiele, kreatives Gestalten und vieles mehr	Texte für Kinder – lesen, hören, selber machen	Mund und Ohren – lauschen und Aussprache	Lernen lernen	Frag nach!	Notizen, z.B. geplanter Zeitraum
1	Miteinander reden	Sich trauen, Mut stärken, Kontakt aufnehmen, Spaß an Sprache entdecken	ICH, DU, ER, SIE; BIN, BIST, IST	Wörter zum Beschreiben	* Ins Gespräch kommen: Netz knüpfen, tanzen, trommeln * ER und SIE: Verstecken, mit Farben markieren, sprechen * Etwas beschreiben: sich beschreiben, Raten und naschen	Das Gruppenposter	Stille hören, Pustekreis, Namen und Rhythmen klatschen	Die Ausrüstung selbst organisieren, gute Fragen stellen; Wie war's? – eine Meinung äußern	Begrüßungen und Verabschiedungen in vielen Sprachen, groß und stark in vielen Sprachen	
2	Wir bauen eine Stadt	Über sich sprechen, zuhören, sich austauschen; Wann ist Reden schön?; etwas erzählen	ES, SIE, WIR, IHR, SIE; HABEN, SEIN; IST – SIND	Wohnen, Zahlwörter	* Zu Hause: Ein Stück von mir, hier wohne ich! * Städte, Dörfer und Landschaften: Geburtsort herausfinden, eine Stadt bauen, gestalten * IST und SIND und ein paar Zahlen: Einzahl-Mehrzahl fühlen, Zahlen mit dem Rücken fühlen, trommeln und laufen, Zahlen um uns herum * Wörter für Menschen: ICH, DU und noch mehr: Versteckspiel, Laufspiel * Alle erzählen und spielen ein Märchen: „Der süße Brei"(Grimm) erzählen, Puppenspiel/Rollenspiel	Meine Sprachenlandschaft; Wandzeitung; So reich sind wir!; Gebrüder Grimm : Der süße Brei	Mit den Ohren zählen, Musik mit der Zunge	Wann macht Reden Spaß? Rederegeln vereinbaren	Wo bin ich geboren? Ein Stück von sich – etwas von zu Hause mitbringen und erklären	
3	Sonne, Mond, Meer und Sterne	Selbstvertrauen stärken; Gruppensprecher wählen	DER, DIE, DAS – EIN – EINE, KEIN – KEINE, NICHT	Am Himmel	* Die Sonne, der Mond, das Meer und die Sterne: gestalten, Geschichten und Bilder um Sonne und Mond in vielen Kulturen, Collagen kleben, Sonne-Mond–Stern-Kärtchen herstellen und verteilen, DER-Frühstück, die „DER-DIE-DAS"-Schachtel * DER, EIN und ihre Freunde: Domino * NEIN, NICHT oder KEIN; Wegnehmspiel, Wann ist „Nein" wichtig? Ratespiel, ein Tag im Gegenteil	Sprachmärchen: Das Wort findet einen Freund; Quatsch-Geschichte zum Weitererzählen: Pippo macht alles anders	Sternenklänge	Sich etwas merken mit Gedankenbildern, einen Gruppensprecher wählen	Sonne und Mond in vielen Kulturen	
4	Zauberei rund um den Körper	Wünsche und Abneigungen äußern	Einzahl – Mehrzahl, MEIN – DEIN – SEINE – IHRE	Der Körper	* Auf sich selbst stolz sein: Clubausweis der Sprachforscher, Fingerabdrücke, * Spiele mit dem Körper: Spiegelspiel, Federstreicheln, Umriss zeichnen, Antippen mit dem Zauberstab, Hautfarben malen, Körperteilememory * SEINE-IHRE: Haare fühlen, Füße raten, Händeturm * EINES und VIELE: mit den Zehen greifen; Yppso, der Außerirdische; Händespiel, Ich der Zauberer, Zauberkreis * Mit allen Sinnen: Die Sinnenstraße, Handabdrücke	„Zauberbuch": Sprache visualisieren	Geräusche in uns, Sprechen wie die Schauspieler	Wie soll's weiter gehen? Eine Entscheidung treffen	Wörter für Hand, Kopf, Bauch und Fuß in vielen Sprachen	

Kapitel	Thema	Reden und handeln	Die Sprachforscher	Unsere Wortschatzkiste	Spiele, kreatives Gestalten und vieles mehr	Texte für Kinder – lesen, hören, selber machen	Mund und Ohren – lauschen und Aussprache	Lernen lernen	Frag nach!	Notizen, z.B. geplanter Zeitraum
5	Zusammen groß werden – unser Tag	Etwas beschreiben, sich zuhören, von sich erzählen	Verben in der Gegenwart: stark, schwach und trennbar	Von morgens bis abends, Kleidung	* Von morgens bis abends: Guten Morgen-Gespräch, gemeinsames Frühstück, Chaosfrühstück, Gruppengespräch: Wie geht dein Tag weiter?, Wochentage, Tageszeiten * Wie Eidechsen: trennbare Verben: Hampelmannversion, Eidechsengeschichte, Rätsel * Bei uns geht es rund: Wir räumen auf!, Welche Arbeiten machst du zu Hause? Kreisspiel: Anziehen, Schlagen muss nicht weh tun, Verbenbild	Bildgeschichte, Kinderdiktat	Lauschen im Alltag: Auf und zu	Was tue ich, wenn ich nicht verstehe?	Tageszeiten hier – hier und auf der anderen Seite der Welt, Sprichwörter zum Essen	
6	Was wächst hier? Kann man es essen?	Frei an Gesprächen über alltägliche und konkrete Dinge teilnehmen – verstehen und selbst sprechen	Der Satz, Verhältniswörter/ Präpositionen, aus Zwei mach Eines: zusammengesetzte Wörter	Pflanzen, Kochen	* In der Natur: Bäume beschreiben, Essbar und giftig, Zusammengesetzte Wörter: Welche Beeren kennt ihr? Wachsen lassen und dokumentieren, Obstgeschäft besuchen, Was kann aus einem Apfel werden? – Puzzlespiel, Kresse säen, Gemüsegeschäft besuchen, Gemüseportrait * Kochen und Genießen: Rezepte sammeln, Hülsenfruchtebild, Wörter rund ums Kochen * Selbst zubereiten: Obstsalat, das Ratespiel, Torte mit Verhältniswörtern, Was ich schon kann, Lieblingsgericht,	Rezeptbuch, Mitspielgeschichte: Die Prinzessin auf der Erbse	Wie hört sich eine fallende Kaffeebohne an? Lauschen und raten, Zungenbrecher	Tagebuch des Wachsens (Kressedokumentation), sich etwas merken: Riechkim, Artikel erschnuppern	„ein süßes Mädchen" – Redewendungen um den Geschmack in vielen Sprachen	
7	Frei wie ein Vogel	Mut zum Fragen finden, sich Fragen stellen und füreinander interessieren	Fragen: Satz- und W-Fragen, Adjektive	Vögel und ihre Lebenswelten	* Die Sprache der Vögel: Vogelspaziergang, -konzert, Geschichten von Adler bis Zaunkönig, Ratespiel um Tierlaute * Mehr erfahren: Vogelkinder, Was machen Vögel im Winter, In der Welt zu Hause: der Storch * Adjektive und ihre Endungen: Bilder beschreiben, Kettenspiel, * Fragen über Fragen: Frag mich!, Würfelspiel „Was macht der Specht?", Die rasenden Reporter – unser Interview * Nach der Frage kommt die Antwort: Bahnhof – mit mir nicht!	Recherche in der Bücherei	Auf Vogelstimmen lauschen und sie nachmachen	Der richtige Moment: Wann passen Fragen, wann nicht? Büchereibesuch und Recherche in Kinderbüchern	Vogelstimmen in verschiedenen Sprachen, Geschichten über Tiere	
8	Im Märchenland	Theater spielen, Vorgelesenes verstehen, eine eigene Meinung bilden, über die Gegenwart und vergangene Zeiten reden.	Vergangenheit: Präteritum und Perfekt, Akkusativ	Mittelalter - Märchen	* Drei Märchen - als Puppenspiel, als Kindertheater und zum Zuhören und Mitreden, Neue Wörter-Poster, Collage * Wie war es früher? Damals-heute, Collage * Über WEN reden wir? Spiele zum Akkusativ: Kartenspiele, Eine Einladung für einen Ball * Mit allen Sinnen: Lauschen und schnuppern	Froschkönig, Hase und Igel, Dornröschen	Märchen am Klang und Duft erkennen	Stärke zeigen: Mentor werden	Märchen aus aller Welt, Was war mein erstes Wort? Was bedeutet es?	

Kapitel	Thema	Reden und handeln	Die Sprachforscher	Unsere Wortschatzkiste	Spiele, kreatives Gestalten und vieles mehr	Texte für Kinder – lesen, hören, selber machen	Mund und Ohren – lauschen und Aussprache	Lernen lernen	Frag nach!	Notizen, z.B. geplanter Zeitraum
9	Straßenverkehr	Erzählen, einen Brief schreiben, vorschlagen und begründen	Dativ Adjektive	Straßenverkehr	* Sicher im Straßenverkehr: Was trägst du im Straßenverkehr? * Spiele und Aktionen zum Dativ: Eines passt nicht, Wohin bringst du mich, Wegbeschreibung, Was siehst du hier?, Dem und der, Wem gehört was?	Petra fährt los, Nacherzählen, Kinderstadtplan, Brief an den Bürgermeister, Es hat gekracht!	Laut und leise	Hab ich doch das Wort vergessen!	Welche Verkehrsmittel benutzen deine Eltern?	
10	Zauberwelt	Wege beschreiben, Verhältnisse ausdrücken	Präpositionen	Verhältnisse, Farben	* Spiele um Verhältniswörter: Im Zauberwald, Schatzsuche, Regenbogen, Farbpalette, Kaspar geht zum Zauberer * Zwergenmannschaft 1: Präpositionen mit DEN, DIE, DAS: Sprachlupe, Merkspruch, Was macht Bingo? * Zwergenmannschaft 2: Präpositionen mit DEM, DER und DEN: Sprachlupe, Merkspruch * DEM oder DEN? Auf der einsamen Insel, Krieche durch das Tor * Zwergenmannschaft 3: Sprachlupe, Merkspruch, Wie bei Hempels unterm Sofa! Verstecken, Ein Traumschloss zaubern, Wegzaubern, Gespräch über Farben und den Regenbogen	Ali Baba und die vierzig Räuber		Was tun, wenn man mit Worten nicht weiter weiß? Unbekannte Wörter erschließen	Zauberverse in aller Welt	
11	Gefühle	Über eigene Gefühle sprechen, sich in andere hineinversetzen	MICH UND DICH – Fürwörter und Nebensätze	Gefühle, Streiten und Vertragen	Mut zu Gefühlen: Die warme Dusche, wie geht es dir? Was machst du, wenn..., Spiel um Gefühle * Stimmungen ausdrücken: Schimpftüte, dickdicker * Wörter für Personen: So bin ich!, Ich wünsche mir, Der Spiegel, Vom Streiten und Sich Vertragen * Sich gut verstehen: Darin seid ihr klasse! Kinderkonferenz, Wie Streitigkeiten beginnen, Schlagen muss nicht weh tun	So ein Pechtag!, Der eigensinnige Elefant, Unsere eigene Geschichte	Klänge, bei denen ich mich wohl fühle	„Kinderkonferenz", Sagen, was dich stört, gut streiten	Die schönsten Schimpfwörter	
	Geschafft!	Überblick, in und vor der Gruppe sprechen	Überblick, Aussichten besprechen	Sprachlernen	Mein Sprachenportfolio sammeln, feiern	Urkunde erhalten	Vor der Gruppe sprechen, Perspektiven für das weitere Lernen besprechen	Mein Resümee		

Den gemeinsamen Weg dokumentieren

Dokumentation

Diese Kopiervorlage können Sie immer wieder kopieren und verwenden, in einem gesonderten Hefter aufbewahren und eine Dokumentation für jede Gruppe anlegen. Sie ist als Gelegenheit zur Reflexion nach (oder auch während) jeder Einheit gedacht, um den Verlauf der Sprachförderung zu beschreiben.

Ergänzt mit Zeichnungen, Fotos und Basteleien der Kinder entsteht damit ein erstes Sprachenportfolio der Gruppe - eine Sammlung und Beschreibung dessen, was die Kinder in ihren vielen Sprachen schon wissen. Einerseits dokumentieren Sie für sich und die Kinder den gemeinsamen Weg; andererseits sammeln Sie dabei Material für Elterngespräche und Reflexionen im Team oder im Kollegium.

Die Dokumentation von *Spiel mit Deutsch* ist eine gute Ergänzung zu Sprachstandserfassungen und anderen Dokumentationen von Sprachbeobachtungen (wie z.B. SISMIK), doch sie ersetzt diese nicht.

Optimal wäre, wenn Sie zu jedem Kind im Verlauf einer Einheit eine oder mehrere Beobachtungen zu seiner sprachlichen Entwicklung dokumentieren könnten.

Hier finden Sie einige Anregungen:

Kommunikationsverhalten: zeigt mehr Sprechfreude, traut sich mehr, hört besser zu, schweigt - aber beteiligt sich mit Handlungen oder Gesten ...

Sätze und Strukturen: formuliert komplexere Sätze (welcher Art?) - dadurch mehr Fehler, größere Richtigkeit, benutzt neue Strukturen: welche? ...

Aussprache: z.B. spricht deutlicher, langsamer, schneller, flüssiger ...

Mit Sprache handeln: fragt, erzählt, erklärt anderen, beschreibt ...

Wortschatz: verwendet größeren Wortschatz (Beispiele?), versteht besser (was?), ...

Sprachbewusstsein: spricht über Sprache, zeigt/entwickelt positive Einstellung zur Mehrsprachigkeit, ...

Risikofaktoren: Gibt es Anzeichen für intensiveren Diagnosebedarf, z.B. Hörvermögen, logopädische, sozialtherapeutische oder psychologische Förderbedarfe betreffend? Welche?

Weitere Dinge, die Ihnen auffallen: ...

Kinderdokumentation: Unser Ballonbild

Kinder dokumentieren ihre Sicht der Sprachförderung

Mit dieser Vorlage, die das Titelbild des Buches aufgreift, können die Kinder ihren Weg durch *Spiel mit Deutsch* selbst dokumentieren (am besten für jedes Kind auf A3 vergrößern, dann gibt es mehr Platz zum Gestalten). Jeweils nach einer Einheit sind die Kinder eingeladen, ihre Eindrücke in einem Ballon kreativ zu gestalten – vielleicht was ihnen am besten gefallen hat oder was sie am wichtigsten fanden.

Wer nicht gerne malt, kann aus der Vorlage mit den Bildern aus den einzelnen Einheiten das zu der jeweiligen Einheit passende Motiv ausschneiden und wie einen Sticker in den nächsten freien Ballon kleben.

Das kann ein Einstieg oder das Resümee eines Gespräches der Kinder sein, das wir für das Ende jeder Einheit vorschlagen: Wie war's? Die Kinder werden um ihre Meinung gebeten und erleben, dass ihre Stimme zählt und Bedeutung hat. Indem sie darüber sprechen, was sie tatsächlich mit Ihnen tun, reden sie über das Hier und Jetzt, über authentische Situationen oder anders gesagt, die konkrete (Sprach-)Realität in diesem Moment. Das sind besonders gute Momente für Sprache, denn es geht um etwas, das alle direkt betrifft.

Die kreative Gestaltung in der Vorlage „Ballonbild" ist im Zusammenspiel mit der Reflexion der Kinder und dem Gespräch darüber gedacht – zusammen bilden sie die Kinderdokumentation.

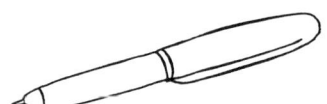

Gruppe: Datum:

Einheit: Beobachtet von:

Das habe ich beobachtet:

Das haben wir als positiv/erfolgreich/angenehm erlebt:

Das war schwierig, weil:

Die Kinder haben in ihrer Auswertung gesagt:

Dokumentation – worauf Sie achten können:

- *Kommunikationsverhalten:* zeigt mehr Sprechfreude, traut sich mehr, hört besser zu, schweigt - aber beteiligt sich mit Handlungen oder Gesten ...
- *Sätze und Strukturen:* formuliert komplexere Sätze (welcher Art?) - dadurch mehr Fehler, größere Richtigkeit, benutzt neue Strukturen: welche? ...
- *Aussprache:* deutlicher, langsamer, schneller, flüssiger ...
- *Mit Sprache handeln:* fragt, erzählt, erklärt anderen, andere ...
- *Wortschatz:* verwendet größeren Wortschatz (Beispiele?), versteht besser – was?, ...
- *Sprachbewusstsein:* spricht über Sprache, zeigt/entwickelt positive Einstellung zur Mehrsprachigkeit, ...
- *Risikofaktoren:* Gibt es Anzeichen für intensiveren Diagnosebedarf, z.B. Hörvermögen, logopädische, sozialtherapeutische oder psychologische Förderbedarfe betreffend? Welche?
- *Weitere Dinge, die Ihnen auffallen:* ...

© Spiel mit Deutsch: Den gemeinsamen Weg dokumentieren, Verlag Herder: Freiburg Basel Wien 2006; ISBN-13: 978-3-451-28927-9; ISBN-10: 3-451-28927-X

Kinderdokumentation: Unser Ballonbild

Was fandest du besonders schön oder wichtig? Bitte gestalte einen leeren Ballon oder klebe den passenden Sticker (siehe S. 21) ein! (Vorlage zum Malen möglichst auf A3 vergrößern)

© Spiel mit Deutsch: Den gemeinsamen Weg dokumentieren, Verlag Herder, Freiburg Basel Wien 2006
ISBN-13: 978-3-451-28927-9; ISBN-10: 3-451-28927-X

Bilder für die Kinderdokumentation

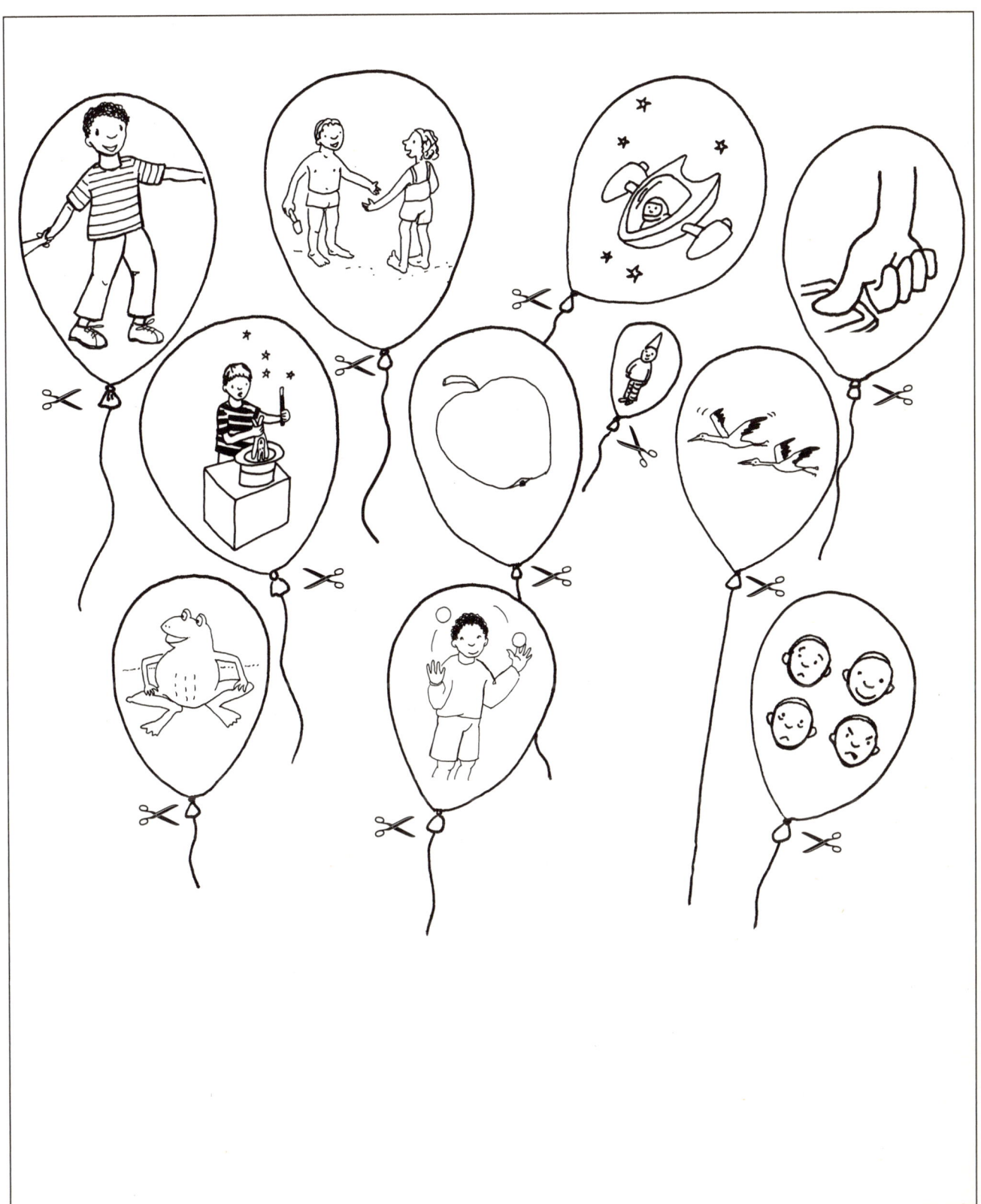

Bitte suche den passenden Ballon zu der Einheit, die ihr gerade besprochen habt. Dann schneide ihn aus und klebe ihn auf dein Ballonbild (Kopie mit den kinderen Ballons am besten in Aktenhülle aufbewahren).

© Spiel mit Deutsch: Den gemeinsamen Weg dokumentieren, Verlag Herder: Freiburg Basel Wien 2006

ISBN-13: 978-3-451-28927-9; ISBN-10: 3-451-28927-X

1 Miteinander reden

Ins Gespräch kommen

Guten Tag, buongiorno, merhaba!

Alle Sprachen einbeziehen

Kennt ihr noch mehr?

Die Kinder sammeln Begrüßungen in allen Sprachen, die sie kennen, als Ritual für jeden Tag.

Wer bist denn du?

Sich trauen, in der Gruppe etwas zu sagen

Material: Ball oder Wollknäuel

Im Kreis werfen die Kinder sich den Ball oder die Wolle zu und stellen sich vor: „Ich bin ...", „Ich heiße..." oder nur „Luisa". Mit dem Knäuel entsteht dabei ein verworrenes Netz.
In einer zweiten Runde probieren die Mitspieler aus, welche Namen sie sich gemerkt haben: „Du bist..." und ähnliche Formulierungen. Wenn sie ein Netz geknüpft haben, können sie den Faden zurückverfolgen und so die zweite Runde rückwärts spielen.

Namen klatschen

Rhythmusgefühl ansprechen, Mut fassen

Ein Kind sagt deutlich seinen Namen, alle klatschen die Silben mit und sprechen den Namen genau nach. Dann ist das nächste Kind an der Reihe.

Pustekreis

Den Atem und die Mundmuskeln spüren, Mut stärken

Die Gruppe setzt sich um einen Tisch und ein zerknülltes Blatt Papier kommt in die Mitte. Jeder muss versuchen, den Ball in die Mitte zu pusten! Wann fällt er herunter?

Variante: Ein Wettpusten mit mehreren Papierbällchen.

Die Ausrüstung der Sprachforscher

Mit Mal- und Schreibzeug umgehen, etwas selbst organisieren

Material: eine gefüllte Federtasche als Muster; für jedes Kind eine Federtasche mit zwei Bleistiften, Anspitzer und Radiergummi, sechs Buntstifte, Klebestift, Schere.

An Hand der Musterfedertasche klären die Kinder mit Ihrer Hilfe, wie die Schreibutensilien heißen. Dann malen die Kinder einen Einkaufszettel und besorgen das Schreibzeug mit den Geschwistern oder Eltern, oder die ganze Gruppe kauft sie gemeinsam ein.
Wenn die Vorschulkinder sich schon jetzt daran gewöhnen, auf das eigene Arbeitsmaterial zu achten, haben sie für eine reibungslose erste Schulzeit eine Menge gelernt.

Aus der Erprobung: Ein paar Kinder kamen immer wieder ohne Federtasche. Ihre Eltern hatten keine Zeit, sie zu unterstützen. Gerade diese Kinder profitieren sehr davon, wenn sie noch vor der Schulzeit lernen, ihr Arbeitsmaterial möglichst selbständig zu organisieren.

Tanzen, bewegen, klatschen und trommeln

Rhythmus erleben und den Körper einbeziehen

Material: Kassettenrekorder oder CD-Player mit Kassette oder CD, möglichst mit deutschsprachigen Liedern und Liedern aus aller Welt (zum Beispiel „Kindertänze aus aller Welt", Ökotopia 2004, im Buch sind auch Tänze beschrieben)

Die Kinder hören einige Lieder und summen, klatschen, trommeln, stampfen, singen, tanzen dazu ...

Stille

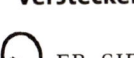 Lauschen und dabei den Gegensatz von Sprechen und Schweigen erleben und genießen

Das ist eine klassische Meditation der Pädagogin Maria Montessori, in der gerade lebhafte Kinder erleben, wie schön Schweigen sein kann. Je öfter Sie diese Übung durchführen, umso mehr genießen alle Beteiligten sie. 20 Sekunden sind eine gute Zeit für den Anfang und können im Laufe der Zeit auf einige Minuten gesteigert werden.

Wir schweigen: Jetzt sind wir einmal eine halbe Minute ganz leise. Auch das Atmen ist leise. Wir bewegen uns nicht.

Stille, dann können Fragen wie diese gestellt werden:

Wie war das?
Wie ist es jetzt?

ER und SIE

Verstecken

 ER, SIE und IST verwenden

Suchspiel: Bis auf drei bis fünf Mädchen verlassen alle Kinder den Raum. Die Mädchen verstecken sich, die Gruppe kommt wieder hinein und sucht. Anschließend sind die Jungen an der Reihe, dann auch gemischte Gruppen.

Am wichtigsten sind die Gespräche beim Suchen:

Wo ist Anna?
Wo ist sie?
Sie ist ...

Wo ist Birol?
Wo ist er?
Er ist ...

 Im Garten macht das Verstecken noch mehr Vergnügen!

Kinder aus aller Welt

 ER und SIE mit Farben markieren

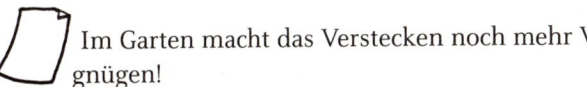 In dieser Vorlage können die Kinder ER und SIE mit Farben thematisieren:

Male die Kleidung rot an, wenn du SIE sagst.
Male ein blaues Kleidungsstück, wenn du ER sagst.

Zur Vorbereitung passt hier sehr gut ein Kindertanz!

Die Sprachforscher

 Besprechen, dass ER für männliche und SIE für weibliche Personen steht

Gruppengespräch: *Habt ihr etwas bemerkt? Wann sagen wir SIE? Wann sagen wir ER?*

Etwas beschreiben

Wörter für Menschen

 Wortschatz erweitern

Material: ein Buch mit Kinderbildern aus aller Welt (z.B. Uwe Ommer, Familien. Kinder aus aller Welt erzählen von zu Hause, Geo im Verlag Gruner + Jahr: Hamburg 2003)

Die Kinder betrachten die Bilder und beschreiben, was sie sehen:

Was seht ihr hier? Wie nennt man das?
Auf wen von euch passt das, wer ist auch so?
Welche Wörter kennt ihr? Welche sind neu?

Groß und stark in vielen Sprachen

Die Familien einbeziehen und Mehrsprachigkeit wertschätzen

Jedes Kind sucht sich ein Wort aus der Bilderbetrachtung aus und fragt zu Hause nach:

Kennt ihr das Wort in einer anderen Sprache? Bittet eure Eltern oder Geschwister, das Wort aufzuschreiben.

In Gruppen mit vielen unterschiedlichen Sprachen ist es interessant, wenige Wörter in vielen Sprachen zu erkunden – zum Beispiel „groß" und „stark" – und sie beim nächsten Mal zu vergleichen:

Welche Wörter sind ähnlich?
Welche sind sehr verschieden?
Welches Wort gefällt uns am besten?
Welche Wörter können wir nicht lesen?

Einige Familien sind es nicht gewöhnt, bei Aufgaben der Kinder zu helfen, haben sehr wenig Zeit oder schreiben nur ungern. Manchmal kann dann ein Gespräch helfen oder vielleicht können Geschwister einbezogen werden. Solche Anreize zur Klärung bereiten die Familien auf die Schulzeit vor – dann stellt sich die Frage der Mithilfe zu Hause täglich und es ist ein großer Vorteil, wenn diese Erwartung nicht zu überraschend kommt.

Wir beschreiben uns

Über sich sprechen, zuhören; ICH BIN, SIE IST, ER IST verwenden

Material: Karton oder festes Papier

Diese Aktion kann folgendermaßen durchgeführt werden:

Zunächst malen die kleinen Sprachforscher sich selbst, dann beschreiben sie sich für die Gruppe: *Ich bin ..., ich habe ...,*
weiter beschreiben sie ihren Freund oder ihre Freundin: *Das ist ..., er hat ..., er trägt eine (lange/ kurze/ blaue ...) Hose ...,*
schließlich werden die Selbstportraits verdeckt hingelegt. Ein Mitspieler nimmt sich ein Portrait, beschreibt, was er sieht und die Gruppe rät, wer gemeint ist.

ICH + DU + ER + SIE = WIR!

Das Gruppenposter planen, besprechen und herstellen, WIR erleben, Gespräch führen

Material: je nach Vorschlägen der Kinder zum Beispiel Klebestifte, Scheren, ein großer Bogen bunter Fotokarton oder Packpapier, Fotos der Kinder

Wie wollt ihr euer Gruppenplakat machen?
Wie groß soll es sein?
Welche Farbe soll es haben?

Wenn die Kinder sich geeinigt haben, folgt die Ausführung.

Sehr gut kommen Gruppenplakate an, auf denen die Namen der Kinder in lateinischen und anderen Schriftsystemen, deren Sprachen in der Gruppe vertreten sind, stehen. Auch wenn die Kinder die Buchstaben noch nicht lesen, nehmen sie wahr: Es gibt viele Möglichkeiten zum Schreiben.

Raten und Naschen

Eigenschaftswörter mit allen Sinnen erleben

Material: Nüsse, Obst, Trockenfrüchte oder Ähnliches in vielen Farben und Formen

Wir verteilen Nascherein auf dem Tisch: *Was möchtest du?*

Ein Kind beschreibt, was es gerne essen möchte: „Es ist rot und dick und weich!" Die anderen raten, was gemeint ist. Rät ein Kind richtig, darf das Kind, das den Gegenstand beschrieben hat, die Süßigkeit naschen und wird gelobt; der Rater ist als nächster an der Reihe, etwas zu beschreiben.

Hab ich doch das Wort vergessen

Gute Fragen stellen – gute Antworten erhalten

Was sagst du, wenn du ein Wort nicht weißt?

Die Kinder sammeln Vorschläge, wie sie Wörter erfragen können, z.B.:

Wie heißt das?
Was ist das?
Wie nennt man das?

Wie war's?

Kinderdokumentation

 Die Kinder erleben „Was ich sage, ist wichtig", Selbstvertrauen und Motivation stärken

Was hat euch am besten gefallen?
Wie ging es euch?

Als Abschluss kann die Kopiervorlage „Kinderdokumentation – unser Ballonbild" dienen. Im ersten Ballon halten die Kinder fest, was sie am wichtigsten oder schönsten in dieser Einheit fanden.

Auf Wiedersehen! Ciao! Kennt ihr noch mehr?

Zum Abschluss sammeln wir Verabschiedungen in vielen Sprachen

Dokumentation

 Hier können Sie die Vorlage aus dem Kapitel „Den gemeinsamen Weg dokumentieren" verwenden.

Kinder aus aller Welt

Male die Kleidung rot an, wenn du SIE sagst, und blau, wenn du ER sagst.

© Spiel mit Deutsch: Miteinander reden, Verlag Herder: Freiburg Basel Wien 2006
ISBN-13: 978-3-451-28927-9; ISBN-10: 3-451-28927-X

2 Wir bauen eine Stadt

Hintergründe

ⓘ Kleine Wörter mit viel Gewicht

„Anna kommt, Anna geht, Anna hier ..." – das wäre keine spannende Geschichte! Doch zum Glück gibt es Kurzwörter für Personen, wie SIE in dieser Geschichte. Der lateinische Name für diese Kurzwörter beschreibt genau, was sie tun: sie stehen „für Namen" und heißen daher Pronomen oder Fürwörter. Manchmal stehen sie sogar für ganze Sätze, wie im nachfolgenden Beispiel:

> Die Frau, deren Namen ich vergessen habe, und die mich sehr beeindruckt hat, habe ich auf einer Tagung getroffen. SIE sagte ...

Pronomen funktionieren allerdings nur, wenn sie nicht durcheinander gebracht werden. Anders gesagt: sie stellen eine Fehlerquelle dar, wenn sie verwechselt werden.

Passend zu den Fürwörtern und Personen verändern wir HABEN und SEIN: nicht *er haben*, sondern *er hat* ist richtig. Man biegt sozusagen das Verb auf die passende Person zurecht. Diesen Vorgang beschreibt der Fachausdruck „beugen".

Mit einem Bild könnte man sagen, jeder (Wort)-Schmetterling muss zum richtigen Blatt.

Zu Hause

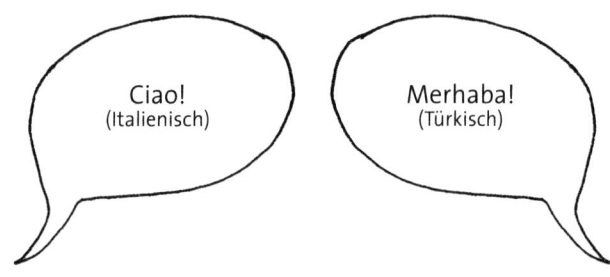

Ciao! (Italienisch)

Merhaba! (Türkisch)

Ein Stück von mir

🎈 Halb frei, halb vorbereitet erzählen

Bitte bringt etwas von zu Hause mit, das ihr besonders gern habt und worüber ihr etwas sagen möchtet – einen Stein, ein Gewürz, etwas zu essen, ein Kissen, was ihr wollt!

So oder ähnlich kann die Einladung lauten, ein Stück aus der eigenen Umgebung und damit von sich auszuwählen. Beim nächsten Treffen setzen sich alle in eine gemütliche Runde und legen die Gegenstände in die Mitte, vielleicht sogar auf ein schönes Tuch. Dann wird erzählt:

Was hast du für uns? Warum hast du es ausgesucht?

und das betreffende Ding wird herumgegeben.

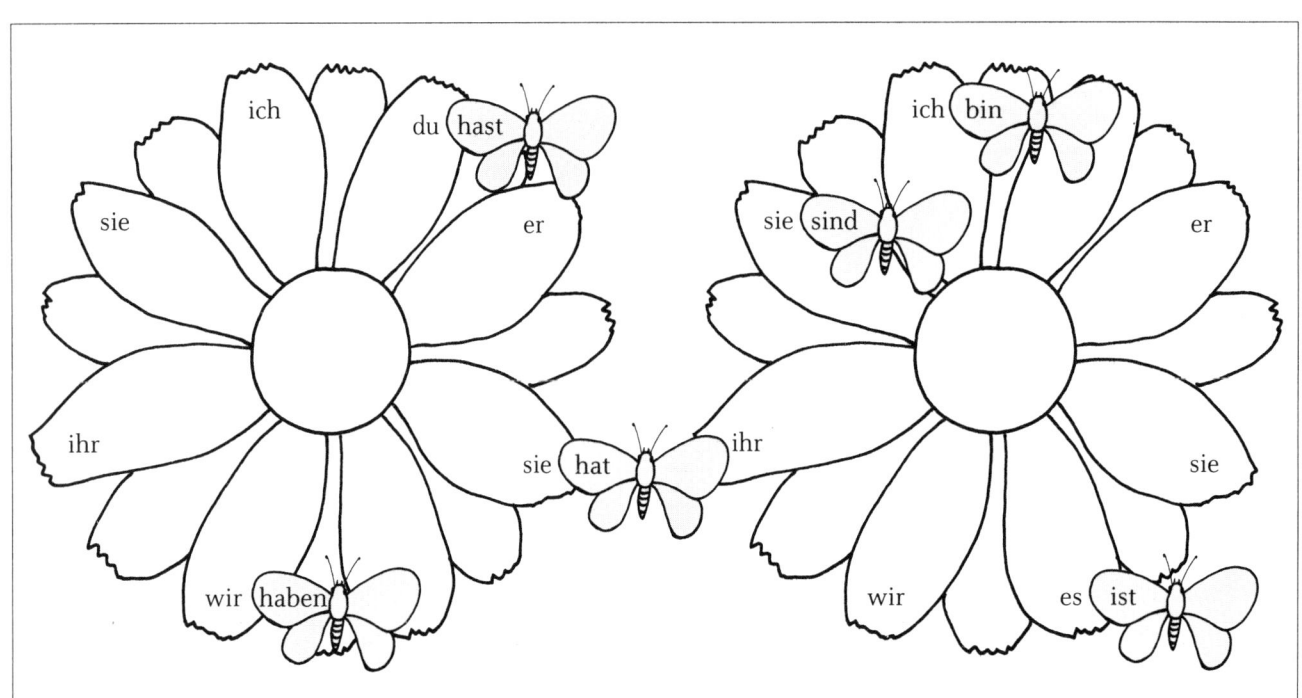

Dieses Angebot ist ein Einstieg in das freie Erzählen: Die Kinder können vorher aussuchen, was und worüber sie sprechen möchten und haben „etwas in der Hand". In der Erprobung kam es oft vor, dass die Sprecherinnen und Sprecher spontan ihr Stück zum Reden in die Hand nahmen und erst herumgaben, wenn sie fertig waren.

Hier wohne ich!

Über etwas sprechen, das sehr konkret, aber nicht anwesend ist und anderen etwas erklären; sich zuhören und sich kennen lernen; ICH und die passenden Verbformen benutzen

Zu Hause kann alles sein: Was erzählen Kinder darüber?

Mit wem wohnst du zusammen? Wie sieht deine Wohnung aus? Was ist dein Lieblingsplatz zu Hause? Was siehst du, wenn du aus dem Fenster blickst?

Städte, Dörfer und Landschaften

Wo bin ich geboren?

Fragt nach, wo ihr auf die Welt gekommen seid:
Wie ist es dort? Ist es warm oder kalt?
Ist es in den Bergen oder am Meer?

Auf einer Karte suchen alle zusammen die Orte. Ist es weit vom jetzigen Wohnort? Wenn die Kinder mögen, können sie ihre Geburtsorte auf einer vorbereiteten Karte markieren.

Wir bauen eine Stadt

IST und SIND, Wörter für Wohnen und Umgebung

Material: ein Bauteppich, Bausteine, Autos, Pflanzen

Was gibt es in einer Stadt?
Wie wünscht ihr euch eine tolle Kinderstadt?

In zwei Projekten in Rheinland-Pfalz planen Kinder tatsächlich ihre eigenen Kinderräume in ihrem Gebiet – wie Fuß- und Radwege verlaufen sollen, um alle Spielflächen zu verbinden, wie Spielplätze ausgestattet sind und vieles mehr. Die Planung wird von der Kommune umgesetzt.

Meine Sprachenlandschaft

Mehrsprachigkeit wertschätzen

Welche Sprachen sprecht ihr?
Mit wem sprecht ihr sie? Wann – im Urlaub, zu Hause?
Welche Sprache sprecht ihr am liebsten?
Welche Sprachen sprechen eure Eltern?
Lernen eure Eltern Deutsch?

Zur Vertiefung des Gesprächs können sich die Kinder mit dem Malblatt „Meine Sprachenlandschaft" beschäftigen. Die eigene Sprachenlandschaft zu gestalten, ist eine intensive Auseinandersetzung der Kinder mit ihrem mehrsprachigen Alltag.
Einsprachig aufwachsende Kinder werden damit eingeladen, Vielsprachigkeit in ihrer Umgebung wahrzunehmen.

Oft stellen Kinder ihre Sprachen mit den „Nationalfarben", d.h. mit den Farben ihrer Landesflagge dar. Daher ist es schön, wenn ein Kinderatlas oder ein Sachbuch mit Flaggen bereit liegt. Eine Bereicherung ist es, wenn die Kinder ein Foto von sich in die Mitte der Kopiervorlage kleben.

Eine Wandzeitung: So reich sind wir!

Auf Mehrsprachigkeit stolz sein

Wenn die Kinder schon darüber nachgedacht haben, welche Sprachen in ihrem Leben eine Rolle spielen, dann können sie einmal zusammenstellen, welche Vielfalt in der Gruppe vertreten ist!
Die gemalten Sprachlandschaften können als Wandzeitung aufgeklebt werden oder die Kinder erstellen gemeinsam ein großes Bild mit allen Sprachen der Gruppe – zum Beispiel mit den Nationalfarben, mit handschriftlichen Wörtern aus der Herkunftssprache (vielleicht helfen die Eltern), mit Bildern oder Illustrationen von landestypischem Essen, mit Symbolen wie z.B. dem Ferrari-Pferd oder mit Fotos des betreffenden Landes bzw. der Region.

Wann macht Reden Spaß?

Reden kann schön sein – aber wie?

Über einen Rahmen für gute Gespräche nachdenken, Rederegeln vereinbaren

Wann ist Reden schön?
Wann macht es keinen Spaß?

Wie ist es, wenn alle zuhören?
Seid ihr schon einmal ausgelacht worden?
Wie war das?
Was ist wichtig beim Reden?
(z.B. zuhören, auslachen, ausreden lassen, nur einer spricht, anschauen, unterbrechen ...)

Gemeinsam überlegen sich die Kinder drei bis fünf Regeln, wie sie sich gute Gespräche vorstellen. Dann malen und schreiben Sie diese auf.

Wir hören uns zu.
Wir lachen niemanden aus.
Es spricht nur einer.

Das Plakat hängen die Kinder gut sichtbar auf.

IST und SIND und ein paar Zahlen

Mit den Ohren zählen

Intensiv hören und sich konzentrieren

Bitte schließt die Augen. Jetzt hört gut zu – was mache ich? Hört ihr ein oder viele Dinge?

Als Hörbeispiele bieten sich an: umblättern, etwas fallen lassen, etwas knüllen, schneiden, etwas falten ... Gut zu hören sollte dabei sein, ob es eine oder viele Sachen sind, die diese Geräusche machen – z.B. ob Erbsen fallen oder ein Stein fällt.

Wer erlauscht es? Was ist das? Ist das eines oder sind das viele?

Einzahl-Mehrzahl fühlen

Den Unterschied zwischen Einzahl und Mehrzahl erfühlen und be-greifen, wie ich ihn mit SEIN ausdrücke (IST ... SIND)

Material: je nach Gruppengröße zehn bis zwanzig Socken, viele unterschiedliche Dinge zum Einfüllen, z.B. Hülsenfrüchte, Bauklötze, Knöpfe

Die Kinder füllen Socken mit verschiedenen Gegenständen. Manchmal kommt ein Teil hinein, manchmal viele, zum Beispiel eine Nuss, Erbsen, ein Stein, ein Würfel, Holzkugeln ...
Die Kinder fühlen, beschreiben und raten, was es ist.

Was sagen wir bei einer Sache? Was sagen wir, wenn es viele sind?

Es gibt einige Ausnahmen wie Salz, Sand oder Zucker: Obwohl wir „viele" fühlen, sagen wir nur eines. Der Duden erklärt das so: „Stoffbezeichnungen werden in der Einzahl gebraucht, wenn mit ihnen ganz allgemein der Stoff, die Masse, das Material bezeichnet wird, wie bei Milch, Gold, Fleisch, Leder, Glas, Holz, Wolle."[1]

Wenn das Prinzip „IST für ein Ding und SIND für viele Dinge" gut beherrscht wird oder wenn Kinder gezielt danach fragen, ist dies ein guter Moment, um die Ausnahmen anzusprechen.

Zahlen tasten

Alle Sinne einbeziehen, Wörter für Zahlen und IST/SIND

Material: zehn oder mehr Socken, in die wir gemeinsam mit den Kindern ein bis fünf abgezählte Gegenstände einfüllen: Erbsen, Steinchen, Murmeln, Kastanien, Würfel, Bauklötze ...

Die Socke geht von Hand zu Hand: *Wie viele Teile tastest du? Wie ist es oder wie sind sie? (weich, warm, rau...)*

Dann lassen wir die Socke herumgehen. Die oder der letzte darf ausschütten: *Wie viele Dinge sind es?*

Für besonders clevere Gruppen bereiten wir Socken mit bis zu zehn Teilen vor.

---

[1] nach: Duden Grammatik 1998, S. 368 f.

Mit dem Rücken fühlen

Zahlen fühlen und sich dabei wohl fühlen

Mit dem Finger streichen die Kinder sich gegenseitig über die Rücken: *Wie viele Striche hast du gefühlt?*

Bitte berücksichtigen Sie, ob es Kinder in Ihrer Gruppe gibt, für die diese Übung zu viel körperliche Nähe bedeutet.

Trommeln und laufen

Zuhören, sich bewegen und Zahlenwörter lernen

Material: eine Trommel oder alle klatschen.

Die Kinder gehen umher. Ein Kind trommelt oder klatscht dreimal, die Kinder bleiben stehen und zeigen die Zahl 3 mit den Fingern und rufen das Zahlwort. So spielen wir die Zahlen bis 5, in manchen Gruppen funktioniert das auch bis 10.

Zahlen um uns herum

Zahlen wahrnehmen

Wie viele Häuser hat unsere Straße?
Wie viele ... Bahnhöfe, Schulen, Kirchen, Flughäfen ... hat unsere Stadt, unser Viertel, unser Ort?

Zungenmusik

Für eine gute Aussprache die Mundmuskeln stärken

Welche Geräusche könnt ihr mit der Zunge machen?

Denk dir eine Zahl und schnalze sie.
Welche Zahl hören wir?

Wörter für Menschen: ICH, DU und noch mehr

Wir haben ..., ihr habt ... : Versteckspiel

WIR, IHR, SIE und HABEN/HABT

Material: ein großer verschließbaren Karton oder Sack; mindestens 20 verschiedene Dinge, die wir auf einem Tisch oder einer Decke ausbreiten, z.B. Naturmaterialien (Steine, Stöcke, Blätter, Früchte...), (Ver-) Kleidungsstücke, Bücher, Spielsachen, Bauklötze ... Es sollten nicht zu wenige Dinge sein, sonst wird das Spiel schnell durchschaubar.

Die Kinder spielen in zwei Gruppen. Eine Gruppe – nennen wir sie „Bären" – geht für ein paar Minuten vor die Tür oder an einen Platz, wo sie die andere Gruppe nicht sehen kann.
Die zweite Gruppe – sagen wir „Giraffen" – sucht sich eine beliebige Anzahl von Gegenständen aus und versteckt sie in der Kiste. Es sollte mindestens ein Gegenstand pro Giraffenkind sein. Dann kommen die Bärenkinder wieder herein.

Die Bärenkinder überlegen:
Was haben wir? Wir haben noch ....
Was haben die anderen? Sie haben ...

Nach einer kurzen Zeit listen die Bärenkinder auf:
Ihr habt ....

Haben sie alles bemerkt? Die Giraffenkinder öffnen die Kiste und benennen:
Wir haben ...

Einen Gruppenpunkt gibt es
für jeden richtig genannten Gegenstand und
für jede richtig gesagte Form von *haben*.

Jedes Kind kann also mit einem Satz zwei Punkte erreichen.

Möglichst jedes Kind sollte an die Reihe kommen, um etwas zu sagen. Das klappt, wenn wir vereinbaren, dass jedes Kind nur einen Gegenstand nennt. Andernfalls ist es sehr leicht für die Kinder am Anfang und schwierig für die Kinder am Ende.

Anschließend werden die Rollen vertauscht. Welche Gruppe ist Sieger?

ICH, DU, ER, SIE, ES, WIR, IHR – alle laufen!

🔍 ICH, DU, ER, SIE, ES, WIR, IHR in der Bewegung erleben

Vorschlag für ein Bewegungsspiel:

Wir gehen locker im Raum umher.
Ein Kind ruft eine Person.
Bitte bleibt stehen und zeigt die Person.
Dann ist ein anderes Kind an der Reihe.

Beispiel ICH: Die Kinder bleiben stehen und zeigen auf sich.

Aus der Erprobung: Die Spielerklärung mit Worten hat die Kinder erst zögern lassen. Als wir es dann dreimal vorgemacht hatten, haben sie gern mitgemacht. Es war besonders für die unsicheren Kinder ein gutes Spiel.

📝 Wenn bei den Personen WIR, IHR Unklarheiten auftreten, stellen wir die Kinder in entsprechende Gruppen auf.

Wer kennt noch ein weiteres SIE? Wie in SIE SPIELEN, SIE ESSEN? Wie viele Menschen sind das?
Was sagt ihr zu einer Person, die ihr nicht gut kennt?

Alle erzählen und spielen ein Märchen

Vorlesen, zuhören, Wörter klären

🎈 Erste Schritte zum eigenen Erzählen

Märchen haben einen besonderen Vorzug: Sie liefern eine Vielfalt von Symbolen und Metaphern, die in der Schulzeit immer wieder auftauchen. Im Sinne einer landeskundlichen und interkulturellen Perspektive lohnt es sich, sie zu thematisieren und damit vertraut zu machen (siehe auch Kap. 8).

Wir klären die Wörter: *Was ist ein Töpfchen? Was ist Brei? Wer kennt Hirse?*

Der süße Brei

Es war einmal ein armes Kind, das lebte mit seiner Mutter allein. Sie hatten nichts mehr zu essen. Da ging das Kind hinaus in den Wald. Es begegnete ihm eine alte Frau. Sie schenkte ihm ein Töpfchen. Zu dem Töpfchen sollte es sagen: „Töpfchen, koche", so kochte es guten, süßen Hirsebrei. Wenn es sagte: „Töpfchen, stehe", so hörte es wieder auf zu kochen. Das Kind brachte den Topf zu seiner Mutter heim. Nun aßen sie süßen Brei, so oft sie wollten. Einmal war das Kind ausgegangen- Da sprach die Mutter: „Töpfchen, koche". Da kocht[2] es und sie isst sich satt. Nun will sie, dass das Töpfchen aufhört, aber sie weiß das Wort nicht. Es kocht weiter, und der Brei steigt über den Rand hinaus, kocht die Küche voll, kocht das ganze Haus voll und die ganze Straße.

Kennt ihr das richtige Wort? Wie heißt es? ...

Endlich kommt das Kind und sagt: „Töpfchen, steh!". Da steht es, und wer in die Stadt wollte, der musste sich durchessen.

Nach Brüder Grimm

Für besonders Schnelle: *Was hättet ihr an Stelle der Mutter getan? Denkt euch etwas aus, malt es und erzählt es uns oder spielt es vor.*

Süßer Hirsebrei

🎈 Mit allen Sinnen dabei sein

Vorschläge: Wir lassen etwas trockene Hirse fühlen und riechen, zum Beispiel auf einem Teller oder Tablett.

Wer weiß, was man aus Hirse kochen kann?
Welche Ideen habt ihr?

📝 Hirse finden Sie im Bioregal vieler Supermärkte oder im Reformhaus. Hirsebrei kann wie Milchreis gekocht werden und schmeckt sehr lecker mit Sauerkirschen. Wenn möglich, kochen wir zusammen, nachfolgend ein Rezept für 8 Personen:

---

[2] Der Wechsel von der Vergangenheit zur Gegenwart ist von Grimm. So wird das Überkochen noch spannender, wir erleben es praktisch mit. Am Ende wechselt die Zeit wieder in die Vergangenheit (Präteritum).

Zutaten: 1 L Milch, 60-80 g Zucker, eine Prise Salz, evtl. Vanillezucker oder geriebene Zitronenschale, 250 g Hirse

Zubereitung: Die Hirse abspülen. Mit der Milch kalt aufsetzen, aufkochen, bei kleiner Hitze 5-10 Minuten köcheln und dabei oft rühren, dann ca. 25 Minuten nachquellen lassen. Schmeckt warm und kalt.

Je nach den Möglichkeiten vor Ort können Sie
- den Brei mit den Kindern zusammen kochen,
- den Brei vorbereiten und mitbringen,
- Eltern bitten, Milchreis oder Hirsebrei vorzubereiten und mitzubringen (kalt),
- Hirsebrei durch Milchreis ersetzen (gibt es fertig zu kaufen) oder
- fragen, wer gerne Brei isst und – falls keine Möglichkeiten zum Kochen bestehen – auch auf das Essen verzichten.

Die Geschichte spielen

 Spielend einen Text erfassen, Mut zeigen

Material: Topf, evtl. Sachen zum Verkleiden (Rollenspiel) oder Handpuppen (Puppenspiel).

Wer möchte das Kind spielen? Wer mag die Mutter darstellen? Und wer ...

Wie war's?

Kinderdokumentation und Gespräch

 Kinder reflektieren

An dieser Stelle können die Kinder ihre Meinung sagen und über die gemeinsame Beschäftigung mit Sprache nachdenken. Als Einstieg oder zum Abschluss kann die Kopiervorlage „Kinderdokumentation – unser Ballonbild" dienen. Dort halten die Kinder fest, was sie am wichtigsten oder schönsten in dieser Einheit fanden.

Was haben wir gemacht?
Was hat euch am besten gefallen?

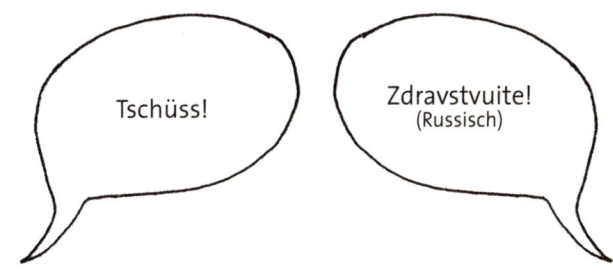

Tschüss!

Zdravstvuite!
(Russisch)

Dokumentation

Ihre Beobachtungen

Meine Sprachenlandschaft

Bitte zeichnet ein, wann ihr welche Sprachen verwendet. Gerne könnt ihr euer Foto dazukleben.

© Spiel mit Deutsch: Wir bauen eine Stadt, Verlag Herder: Freiburg Basel Wien 2006
ISBN-13: 978-3-451-28927-9; ISBN-10: 3-451-28927-X

3 Sonne, Mond, Meer und Sterne

Hintergründe

 Die Artikel und KEIN

Die deutschen Artikel sind recht verzwickt: DER, DIE, DAS, EIN, EINE, was passt wann? Was bedeutet das für Kinder, die diese Hürde aus ihrer Familiensprache nicht kennen?

Während deutsch aufwachsende Kinder kaum Mühe mit den korrekten Artikeln haben, sind sie für spätere Lerner eine Daueraufgabe – das merken gerade Erwachsene beim Sprachenlernen.

Wenn wir uns auf DER, DIE, DAS konzentrieren, dann gibt es im Deutschen drei Artikel in der Einzahl, einen in der Mehrzahl. Oft werden sie auch Begleiter genannt. Sie richten sich nach dem Geschlecht des Wortes, das sie begleiten: männlich - DER, weiblich – DIE oder sächlich - DAS.

Bei „der Mann" und „die Frau" stimmt das grammatische Geschlecht mit unserer Wahrnehmung überein. Doch schon „die Sonne" und „der Mond" erleben Menschen in anderen (Sprach-)Kulturen anders. Bei den meisten Wörtern hat sich jede Spur verloren, warum einige Wörter in der deutschen Sprache DER, andere DIE oder DAS tragen. Daher werden die Artikel am besten mit einem neuen Wort zusammen gelernt.

Gedankenbrücken helfen dabei, sich die richtigen Begleiter zu merken, zum Beispiel:

– Farben,
– Düfte,
– Ähnlichkeiten,
– Wiederholungen,
– Gedankenbilder
– oder andere: Was funktioniert, ist erlaubt!

Manche Wörter können sich bei ihrem Begleiter nicht entscheiden – wie DER oder DAS JOGHURT sowie DER oder DAS BONBON – beides ist richtig. Manchmal bestimmt sogar der Begleiter, was gemeint ist, z.B. DIE KIEFER/DER KIEFER oder DIE LEITER/DER LEITER.

Einige Begleiter gehorchen Regeln: Zum Beispiel werden Verkleinerungen wie Wörter mit den Enden ...CHEN, ...LEIN, ...LE stets von DAS begleitet. Daher sagen wir DAS MÄDCHEN, DAS TÖPFCHEN. Etwas Ähnliches finden wir bei den Endungen ..KEIT, ...HEIT und ...UNG: Sie sind weiblich.

Bei Personen stimmen natürliches und grammatisches Geschlecht oft überein:

> die Mutter, die Tante, die Lehrerin, der Vater, der Bruder, der Professor

Erst wenn die Kinder die Artikel sicher beherrschen, können sie auch Beschreibungen wie EINE SCHÖNE JACKE und MIT EINER SCHÖNEN JACKE korrekt bilden.[1]

---

[1] Mehr Informationen dazu finden Sie im Duden Grammatik (2005), „Das Genus des Substantivs", in der angegebenen Ausgabe S. 153-171.

Geschlecht / Genus	bestimmt	unbestimmt	negativ	wie zum Beispiel	
Männlich/maskulin	der	ein	kein	der Mond	🌙
Weiblich/feminin	die	eine	keine	die Sonne	☀
Sächlich/neutrum	das	ein	kein	das Meer	
Mehrzahl	die		keine	die Sterne	✦

Da KEIN sich ähnlich wie EIN verhält, ist es hier gleich mit aufgeführt.

Die Sonne, der Mond, das Meer und die Sterne

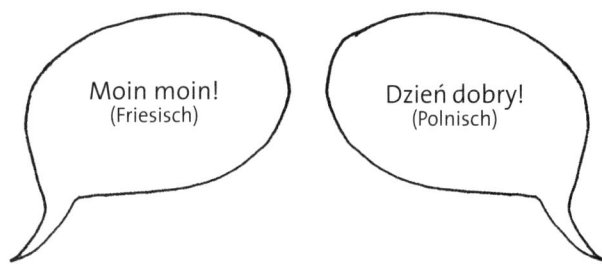

Moin moin!
(Friesisch)

Dzień dobry!
(Polnisch)

Ist die Sonne eine Frau oder ein Mann?

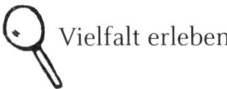 Vielfalt erleben

Was sind Sonne und Mond für dich?
Eine Frau oder ein Mann?
Was fällt dir ein, wenn du an sie denkst?

Die Kinder malen die Sonne und/oder den Mond mit Wasserfarben und erzählen, woran sie beim Malen denken – an die warme Sonne am Mittelmeer oder den Mond in der türkischen Fahne? Das haben Kinder und Erzieherinnen erzählt, die diese Spielidee ausprobiert haben. Dazu einige Anregungen:

Wie ist es auf Deutsch? Wie ist das Meer für dich?
Kennt ihr noch mehr Wörter, zu denen wir DIE sagen?
Und Wörter mit DER? Mit DAS?

Frag deine Familie!

 Die Familie einbeziehen

Bitte fragt in eurer Familie nach: Wer kennt Geschichten, Lieder oder Reime über die Sonne, den Mond oder die Sterne? Lasst sie euch erzählen und erzählt sie dann uns! Möchten eure Eltern einmal selbst kommen und uns etwas erzählen?

Wie heißt das?

 Wortschatz erweitern

Die Dinge in der näheren Umgebung werden benannt: im Raum, vor dem Fenster …

Was ist alles hier? Wie heißt das? DER, DIE oder DAS?

EIN oder EINEN – wer hat Recht?

Anna: „Hier ist ein Stift."
Luca: „Und dort gibt es einen Anspitzer".

Sowohl Anna als auch Lucas Vorschläge sind vollkommen korrekt, doch warum sind sie nicht gleich? Mit HIER IST benutzen wir EIN und EINE, mit anderen Wörtern EINEN, EINE oder EIN. Wir verwenden mit IST den Wer-Fall, sonst den Wen-Fall. Mehr dazu finden Sie in Kapitel 9. Wenn Sie hier Sätze mit IST anregen, können sich die Kinder genauer auf DER/DIE/DAS und EIN/E konzentrieren. Wenn die jungen Sprachforscher etwas sagen wie: „Ich sehe einen Tisch" und „Hier gibt es einen Stift", so ist das außerdem herzlich willkommen; wenn nötig, können Sie die Aussagen wiederholen und dann wieder IST einbringen:

„Ich sehe ein Stuhl."
„Sehr gut, du siehst einen Stuhl, und was ist da noch?"

Wenn einem Kind der Unterschied EIN - EINEN auffällt, so verdient das ein Lob – prima zugehört!

Das Wort findet einen Freund

 Grammatik erleben

Es war einmal ein Wort, ein schönes und starkes Wort wie TÜR. Es war etwas Besonderes, denn es gab einer Sache einen Namen. Deshalb durfte es sich Namenwort nennen, und darauf war es sehr stolz.
Es ging durch die Welt und betrachtete alles. Eine Zeitlang war es zufrieden, doch dann wurde es immer nachdenklicher. „Mir fehlt etwas," dachte das Wort. „Ich bin immer allein. Und ich stehe gar nicht gut da, so allein zwischen den anderen. Ich möchte einen Begleiter!" Und dann suchte es sich einen Begleiter, einen kleinen treuen Freund. Den fand es auch. Und den nahm das Wort immer mit. Manchmal verkleidete es den Begleiter etwas und schummelte ihn in die Taschen von anderen Wörtern hinein, aber sein ganzes schöne Wortleben lang war sein Freund immer dabei.
Das sahen die anderen Namenwörter und von da an suchten sie sich alle einen Begleiter. Jetzt waren sie nicht mehr allein!

Wie heißt wohl der Begleiter von TÜR?

DER-DIE-DAS – drei Collagen

Gestalten und dabei über DER, DIE oder DAS nachdenken

Material: Drei große Blatt Zeichenkarton oder Papier; Illustrierte oder Kataloge, z.B. von Spielwarenherstellern, zum Ausschneiden; Scheren, Klebstoff

Vorbereitung: Eventuell können Sie auf ein Poster eine Sonne zeichnen oder aufkleben – das wird das DIE-Poster; einen Mond auf das zukünftige DER-Poster und ein Stück Meer (ein paar Wellen) auf das zukünftige DAS-Poster. Unbedingt nötig ist das nicht.

Drei Collagen werden gebastelt – eine mit DIE-Wörtern, eine mit DER-Wörtern und eine mit DAS-Wörtern. Dazu werden Bilder ausgeschnitten, die die Kinder interessant finden und bei denen sie überlegen: „Sage ich dazu DER, DIE oder DAS?" Dann kleben sie die Bilder auf das entsprechende Poster.

Sonnen, Monde, Sterne verteilen

Wissen vernetzen, sich etwas merken mit Bildern

Material: Notizzettel oder Kartonabschnitte, Wäscheklammern oder Klebefilm und – falls mit Kartoffeln gedruckt wird: vier Kartoffeln (eine zur Reserve), Stempelfarbe und ein paar Küchenmesser

Zuerst basteln die Kinder Kärtchen mit den Artikelsymbolen „Sonne", „Mond" und „Meer". Dann verteilen die Kinder die Kärtchen im Raum. Zum Beispiel hängen sie an die Tür ein Kärtchen mit einer Sonne, der Tisch bekommt eine Mondkarte, das Fenster ein Meer-Bild.

Die Kärtchen lassen sich gut mit Kartoffeldruck herstellen, bemalen oder als Schablone vorbereiten und abzeichnen.

Wozu sagt ihr auch DER wie DER MOND ?
Bitte stellt (hängt, klemmt) eure Bilder zu Dingen im Raum, zu denen sie passen!

Wenn die Begleiterkärtchen ein paar Tage hängen oder stehen bleiben können, ist das optimal.

Unser DER-Frühstück

Artikel mit allen Sinnen erleben

Wir frühstücken einmal nur Dinge mit DER. Was kommt auf unseren Tisch?

Die Kinder überlegen, was sie essen möchten und wozu sie außerdem DER sagen: der Apfel, der Toast ... Anschließend notieren alle gemeinsam z.B. mit kleinen Bildern, wer welche Lebensmittel für das gemeinsame DER-Frühstück mitbringt und malen/schreiben Einkaufszettel.

Die Vorbereitung des Frühstücks ist das Wichtigste bei diesem Angebot! In den Gesprächen denken die Kinder mit viel Spaß und im Spiel über DER, DIE, DAS nach – und gerade das Nachdenken über Sprache bringt sie beim Deutscherwerb weiter.
Dieses Spiel haben wir oft auf Fortbildungen ausprobiert und viele Varianten überlegt – zum Beispiel einen DIE-Salat, in welchen Möhre, Tomate und Gurke geschnippelt werden.
Beim Brot wird es mit DER etwas schwierig – Sie können auf Toast, Zwieback, Kuchen und Keks ausweichen. Einen anderen Ausweg haben sich Teilnehmerinnen einer Fortbildung überlegt: Zu einem Frühstück kann man auch Gäste einladen – und DAS BROT könnte so ein Gast sein.

Dann decken wir den Frühstückstisch gemeinsam, doch ...

Halt – nicht gleich essen!

Sich etwas merken durch ein Gedankenbild

Bitte schaut euch den Tisch genau an. Geht um ihn herum. Jetzt schließt kurz die Augen und stellt ihn euch vor. Wenn ihr euch jetzt ein Wort mit „DER" merken wollt, so stellt euch vor, ihr legt die Sache mit auf unseren Tisch.
Beispiel DER KORB: Ich stelle einen Korb mit auf den Tisch. Jetzt kann ich mir merken, KORB trägt DER, genau wie DER HONIG und DER KAKAO. Wenn ich mir einen Begleiter merken will, kann ich ihn in Gedanken auf den Tisch stellen.

Was stellst du in Gedanken auf den Tisch?

Wenn alle etwas dazu gesagt haben:

Guten Appetit und viel Spaß!

DER-, DIE-, DAS-Schachteln

Nachdenken und Kindergespräche über Begleiter anregen, ein ruhiges Einordnungsspiel

Material: vier Schachteln; die Symbole „Sonne", „Mond", „Meer" und „Sterne"; Klebstoff, Gegenstände zum Einordnen

Die Kinder gestalten vier Kartons:
eine DER-Schachtel mit einem Mond,
eine DIE-Schachtel mit einer Sonne,
eine DAS-Schachtel mit einem Meerbild und
eine DIE-Schachtel mit vielen Sternen für Mehrzahlformen wie DIE PINSEL.

Beim ersten Mal können Sie Gegenstände bereit legen,
von denen die Kinder die Begleiter wissen. Später
wählen Sie vielleicht gerade die Dinge aus, bei denen
die Kinder noch nachdenken müssen:

*Bitte schaut euch um – in welche Schachtel passen die
Dinge im Raum? Bitte ordnet sie ein.*

Da die Kinder immer wieder neue Wörter lernen, können Sie die Begleiterschachtel auch in den folgenden
Kapiteln nutzen.

Kleine Gegenstände können die Kinder gut in
die Schachtel legen, für größere Gegenstände sind
Bilder z.B. aus einem Kartenspiel oder Miniaturen aus
dem Kaufmannsladen und der Puppenstube praktisch.

Sternenklänge

 Lauschen

Material: eine Auswahl an Musikinstrumenten, zum
Beispiel Triangel, Rassel, Glocken, Mundharmonika

*Wenn die Sterne reden könnten – wie würde sich das
anhören?*
Welcher Ton passt am besten zu einer Sternschnuppe?

DER, EIN und ihre Freunde – ein Domino

Über DER-EIN, DIE-EINE und DAS-EIN nachdenken

Wie beim Zahlendomino werden alle Kärtchen
verteilt und in eine Reihe gelegt. Es gilt, die Paare
zu finden und dazu die richtigen Sätze zu sagen: „...

*Hier ist **ein** Regenbogen."* – *„**Der** Regenbogen ist riesig.
Hier ist **ein**..."*

Unbestimmte Artikel und bestimmte sollten im
Wechsel verwendet werden. Manchmal kann es
sich lohnen, sie besonders deutlich auszusprechen, um
die Aufmerksamkeit auf sie zu lenken. Das betrifft vor
allem EIN und EINE.

NEIN, NICHT oder KEIN

Das Wegnehmespiel

Mit EIN/E und KEIN/E spielen

Material: verschiedene Gegenstände aus der Kinderta-
gesstätte wie Stofftiere, Spielsachen, Steine, Stöcke,
Muscheln ...
Sie legen eine Auswahl von Dingen auf den Tisch:
Was ist hier?

Dann schließen die Kinder die Augen und Sie nehmen
einige Dinge weg:
Was ist noch hier?
Was fehlt?

Hier ist ...
Hier ist kein ...

Variante: Sie legen jeweils eine Leckerei – ein kleines
Käsestück, eine Nuss ... in der Mitte: *Wer möchte das
aufessen? Was ist jetzt da? Was fehlt?*

Ich will nicht!

NICHT verwenden, zum klaren „Nein" ermutigen

Vielleicht ausgehend von einer Situation der Kinder
regen Sie ein Gespräche über ein wichtiges kleines
Wort an:
*Wann sagst du NEIN? Wann darf ein Kind NEIN sagen?
Wann ist NEIN sehr wichtig?*

Wann genau wir KEIN und wann NICHT benutzen, können wir mit keiner klaren Regel bzw.
nicht mit einer klaren Regel beschreiben. Sogar der
Duden beschreibt das Wort KEIN als „höchst schil-
lernd"[2], viel zu faszinierend, um sich in ein klares
Schema pressen zu lassen. Versuchen Sie es einmal –
Sie werden für jede Regel Gegenbeispiele finden. Verlassen Sie sich auf Ihr Sprachgefühl, seien Sie ein
Sprachvorbild, oft sind mehrere Varianten möglich.

Pippo macht alles ganz anders

Eine Geschichte weiter erzählen, Verneinungen
und Gegenteile suchen

---

[2] Duden Grammatik (1998): S. 722 Ziffer 1276

Pippo zieht seine Pullover immer mit dem Bild nach hinten an. Mit zwei gleichen Socken ist er noch nie gesehen worden – er trägt immer eine rote und eine blaue. Beim Frühstück sitzt er nicht auf dem Stuhl, sondern auf dem Boden. Die Tasse nimmt er, um sich darin ein Honigbrot zu schmieren – mit dem Honig unten und dem Brot oben. Seine Milch schlürft er dafür vom Teller.
Dann geht er zum Kindergarten. Natürlich kann er das nicht vorwärts tun – er läuft rückwärts, und das auf den Händen.

Und was macht er im Kindergarten?
Wie geht sein Tag weiter?

Es ist nicht dick, nicht rot ...

Mit dem Gegenteil umschreiben

Ein Ratespiel für die ganze Gruppe: Zwei oder drei Kinder denken sich ein Tier aus und beschreiben, wie es nicht ist: Wer errät das Tier? Fragen – natürlich nach dem Gegenteil – sind herzlich willkommen.

Ganz im Gegenteil!

Verneinungen in allen Varianten

Einen ganzen Tag lang sagen wir alles im Gegenteil. Was ist dann die richtige Begrüßung? Was sagen wir beim Essen?

Kinder stärken

Wer wird unser Gruppensprecher?

Selbstvertrauen stärken

Die Kinder in der Sprachfördergruppe haben bisher oft erfahren, dass man ihnen wenig oder nichts zutraut, vor allem, wenn es mit Reden zusammenhängt. Umso schöner, wenn sie erleben: Ich habe etwas zu sagen! Mein Wort zählt.
Gruppensprecher zu werden ist dafür eine ausgezeichnete Möglichkeit. Das wirkt sich positiv in zwei Richtungen aus:
- Auf das Kind selbst, denn wir stärken sein Vertrauen in sich selbst und ermutigen es, eine weitgehend sprachliche Aufgabe anzupacken.
- Auf seine Umwelt, denn Spielkameraden und Erwachsene erleben, dass dieses Kind für fähig gehalten wird, eine Funktion zu übernehmen und diese meistert. Auch für Eltern ist das eine schöne Überraschung.

Es sollten alle Kinder an die Reihe kommen – möglichst, indem sie sich selbst dafür melden. Denkbar ist, bei schüchternen oder ängstlichen Kindern zwei Sprecher zu bestimmen. Nach einer vereinbarten Zeit, z.B. zwei Wochen, wechseln die Gruppensprecherkinder. Zunächst sollte die Gruppe überlegen, welche Aufgaben die Gruppensprecherin oder der Gruppensprecher übernehmen, wie:

- auf vereinbarte Gesprächsregeln achten,
- trösten, wenn jemand traurig ist,
- bei Streits nach dem Grund fragen,
- zuhören, wenn Kinder etwas erzählen möchten,
- andern Kindern helfen, für Fragen offen sein,
- besondere Aufgaben wie etwas zum Sekretariat bringen, einen Schlüssel verwalten oder Ähnliches.

Dass es sich um ein wichtiges und schönes Amt handelt, kann durch einen Button oder eine Kennzeichnung am Namensschild des aktuellen Gruppensprechers für alle deutlich sichtbar werden.

Wer möchte unser nächster Gruppensprecher sein?

Wie war's?

Kinderdokumentation

Was hat euch bei unserem Thema besonders gut gefallen? Warum?

Als Einstieg oder zum Abschluss kann die Kopiervorlage „Kinderdokumentation - unser Ballonbild" dienen. Dort halten die Kinder fest, was sie am wichtigsten oder schönsten in dieser Einheit fanden.

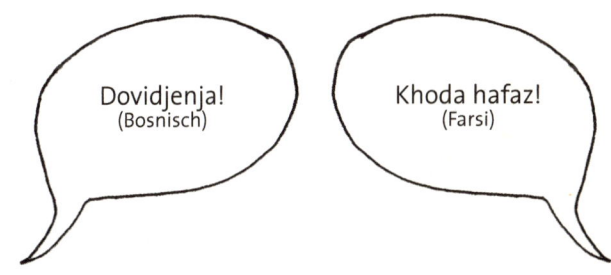

Dovidjenja!
(Bosnisch)

Khoda hafaz!
(Farsi)

Dokumentation

Ihre Beobachtungen

DER, EIN und ihre Freunde – ein Domino

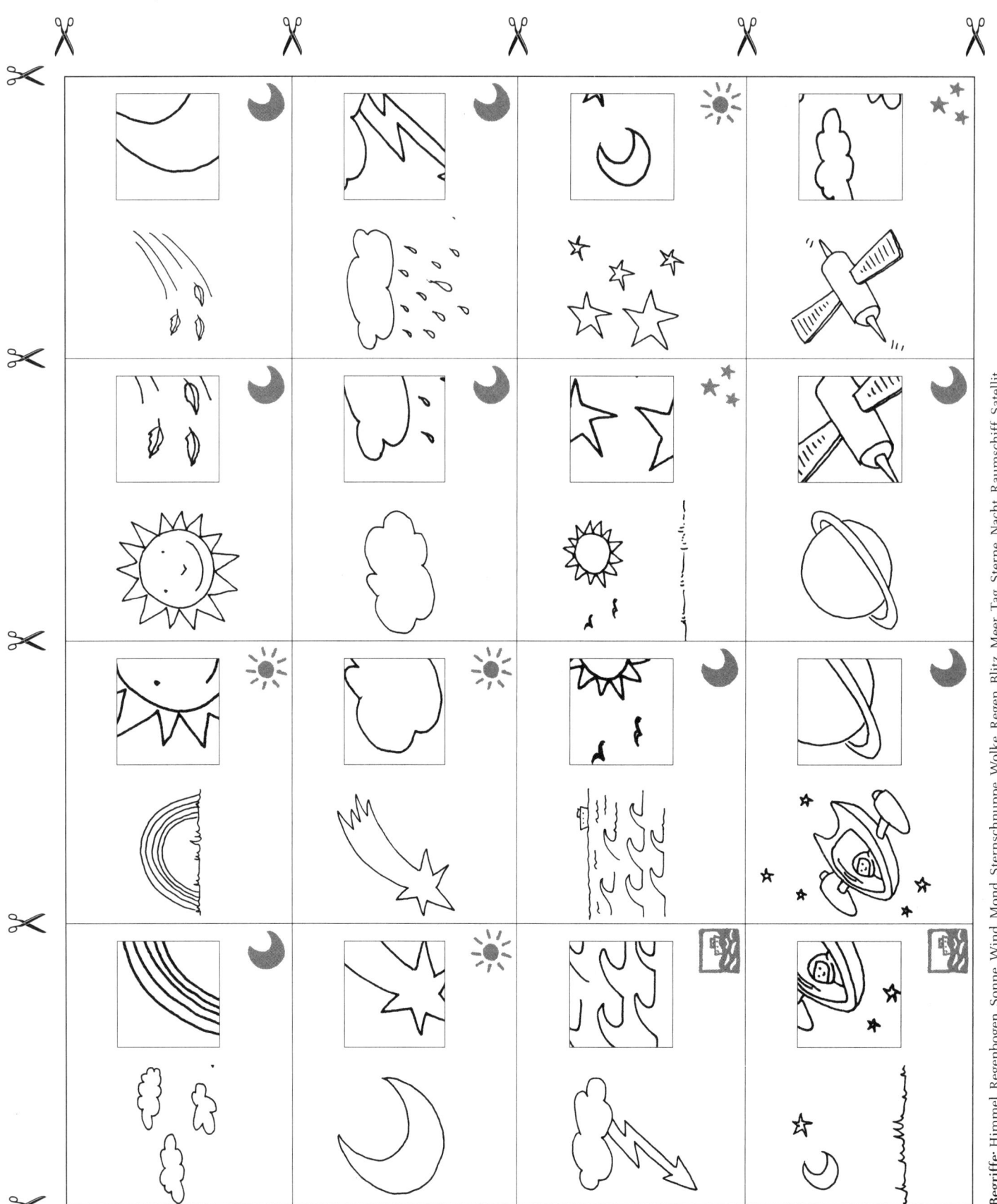

Begriffe: Himmel, Regenbogen, Sonne, Wind, Mond, Sternschnuppe, Wolke, Regen, Blitz, Meer, Tag, Sterne, Nacht, Raumschiff, Satellit

Domino entlang der Schnittlinien ausschneiden, auf Karton kleben bzw. laminieren und spielen.

© Spiel mit Deutsch: Die Sonne, der Mond, das Meer und die Sterne, Verlag Herder: Freiburg Basel Wien 2006

ISBN-13: 978-3-451-28927-9; ISBN-10: 3-451-28927-X

4 Zauberei rund um den Körper

Hintergründe

Eins, zwei, drei, viele: Mehrzahl – Plural

Manche Sprachen haben ein gut durchschaubares System, um den Unterschied von „ein" und „viele" auszudrücken. Nehmen wir das Italienische: Dort verwandeln wir das letzte –o in ein –i.

> 1 corp**o** – 2 corp**i** (1 Körper, 2 Körper)
> 1 nas**o** – 2 nas**i** (1 Nase, 2 Nasen).[1]

Im Deutschen ist das weit weniger klar: Manchmal gibt es sogar mehrere Formen für die Vielzahl wie VILLEN – VILLAS oder DIE BOGEN – DIE BÖGEN. Der Duden unterscheidet fünf Pluralgruppen. Diese Einteilung hilft, denn fünf Gruppen sind noch recht übersichtlich. Darüber hinaus ist es sinnvoll, die Mehrzahlformen immer wieder wie die Artikel bei neuen Wörtern mit zu nennen.

Die fünf Pluraltypen im Duden sind:

1. -e: wie „König**e**", oft mit Umlautänderung wie „Bäll**e**", „Händ**e**" – das Ende offen gesprochen als [ə]
2. – : ohne zusätzliche Endung wie „Finger", „Sänger", „Sieger", „Verlierer", manchmal mit Umlautänderung wie „Väter", „Mütter", „Böden"
3. -en: wie „Prinz**en**" und „Prinzessinn**en**", „Held**en**", „Bett**en**", „Hemd**en**"
4. -er: wie „Kind**er**", „Brett**er**", evtl. mit Umlautänderung wie „Bücher", „Löcher". Bei „Bücher" und „Löcher" ändert sich auch die Aussprache von „ch".
5. –s: wie „Auto**s**", „Foto**s**", „Park**s**", „Opa**s**", „Oma**s**".

Die Mehrzahlinformation steckt also im Deutschen am Ende des Wortes und oft außerdem in der Mitte. Der Fachausdruck dafür ist „Pluralmorphem".

Wenn die Kinder das entdecken und selbst ausprobieren, entstehen manchmal Varianten wie bei Sina:

> „Sind das jetzt zwei Aut-e?"

Das ist ein „guter Fehler", denn er zeigt uns, dass Sina jetzt experimentiert. Dass es hier eigentlich AUTOS heißt, was sie bisher immer gesagt hat, fällt ihr bald wieder ein. Das Wichtige ist: Sie übernimmt jetzt nicht nur die Mehrzahlformen, die sie gehört hat, sondern sie bildet selbst neue.

Nach einer kurzen Zwischenphase der Experimente erwarten wir daher, dass sie die korrekten Formen sagt – weil sie den Mechanismus verstanden hat.
Der Körper ist ein gutes Thema, um nebenbei über Plurale zu sprechen (siehe S. 40 ff.). Erstens haben Menschen typischerweise manche Körperteile einmal, andere mehrmals und zweitens kommen alle Pluralgruppen vor.

Auf sich selbst stolz sein

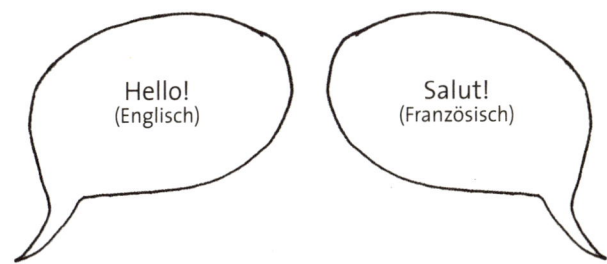

Clubausweis als Sprachforscher

Selbstvertrauen stärken, motivieren

Material: Spiegel (wenn möglich), ein Maßband oder eine Messlatte

Welche Augenfarbe hast du? Wie ist deine Haarfarbe? Wie groß bist du?

Wir sprechen über uns und gestalten den Clubausweis der Sprachforscher. Dafür können Sie die Kopiervorlage verwenden.

Das ist meiner!

Selbstvertrauen stärken, über Einzigartigkeit nachdenken und sprechen

Material: Stempelkissen, Tücher zum Abwischen

Auf der ganzen Welt hat niemand so einen Fingerabdruck wie du. Schaut einmal eure Daumen an! Was seht ihr? Was ist gleich? Was ist unterschiedlich?

Die Kinder fertigen ihre Fingerabdrücke an – vielleicht zuerst auf Papier, betrachten und besprechen sie und drücken sie dann auf den Clubausweis.

---

[1] Damit es aber auch im Italienischen interessant bleibt, gibt es kleine Fallen wie diese für „Finger": 1 dito, 2 dita.

Spiele mit dem Körper

Ich bin dein Spiegel

Den Körper wahrnehmen, Konzentration stärken

Jeweils zwei Kinder stellen sich voreinander. Ein Kind ist der Spiegel und führt die Bewegungen aus, die das andere Kind vorgibt. Das macht auch in zwei kleinen Gruppen viel Vergnügen.

Ich streiche mit der Feder

Sich spüren, entspannen und konzentrieren

Material: für jedes Kind eine Feder (oder wir streichen mit dem Finger)

Mit einer Feder oder den Fingern streichen sich die Kinder über den Körper:

Was fühlst du? Was ist schön, was kitzelt?
Magst du das?
Wie heißt das Körperteil?

Dein Umriss auf Papier

Unsere Formen wahrnehmen

Material: Tapeten, große Bögen Packpapier oder eine Sandfläche

Ein Kind legt sich auf das Papier oder in den Sand, das andere zeichnet seinen Umriss. Dann tauschen sie. Das geht natürlich auch mit zwei Kindern, die sich nebeneinander legen:

Wie heißt das, was du malst?
Was fällt dir auf? Seid ihr gleich groß?

Was tippt der Zauberstab an?

Namen für Körperteile mit allen Sinnen lernen, sich wahrnehmen

Material: ein Zauberstab, vielleicht ein Tuch für die Augen

In die Mitte eines Sitzkreises stellt, setzt oder legt sich ein Kind und schließt die Augen. Ein anderes tippt mit dem Zauberstab kurz auf einen Körperteil:

Wie heißt das?

Interessant bleibt das Spiel, wenn die Körperteile immer mehr ins Detail gehen – von „Arm", als Wort wahrscheinlich bekannt und daher für ein Erfolgserlebnis gut, zu „Hand", „Finger", „Fingernagel" usw.

Lauschen und fühlen: Geräusche in uns

Zuhören, sich konzentrieren

Welche Geräusche könnt ihr von eurem Körper hören?

Alle sammeln Ideen wie
– Herzschlag,
– Schlucken,
– Bauchgluckern,
– Magenknurren,
– Schluckauf,
– Ohrenrauschen
und hören sie gegenseitig ab.

Sprechen wie die Schauspieler

Sich entspannen, die Aussprache verbessern

Material: einen oder mehrere Korken

Wir setzen uns in einen Kreis. Ein Kind nimmt den Korken zwischen die Zähne und sagt einen Körperteil. Wer es verstanden hat, zeigt darauf. Mit einem Korken zu sprechen ist gar nicht leicht!
So üben Schauspieler eine gute Aussprache.

Welche Farbe hat deine Haut?

Über Farben und Nuancen sprechen, Wortschatz erweitern

Material: Wasserfarben oder andere gut mischbare Farben, Pinsel

Wie sieht eigentlich Haut aus? Im Sommer, im Winter? Welche Farben kann Haut haben?

Memory der Körperteile

Körperteile in Einzahl und Mehrzahl erspielen

Was gehört zusammen? Wie heißt das?

Während die Kinder das Memory ausschneiden, gestalten und spielen, ist das Reden über einen oder viele Körperteile das Wichtigste.

SEINE – IHRE

Haare fühlen

SEINE-IHRE sinnlich erfassen, in der Gruppe sprechen

Die Kinder befühlen die Haare von einem Mädchen und einem Jungen und beschreiben sie:

Sind seine/ihre Haare lockig oder glatt? Lang oder kurz? Fühlen sie sich weich oder kräftig an?
Manchmal sagen wir seine, manchmal ihre. Wann?

Füße raten

Spaß mit SEINE und IHRE

Material: Decke, Tuch oder großer Karton

Ein Junge und ein Mädchen setzen sich nebeneinander vor die anderen. Ihre Beine decken wir mit einem Tuch ab und lassen die Füße hervorschauen – barfuß, mit Socken, einer so und einer anders, vor allem so, dass die anderen Kinder es nicht leicht haben, wenn sie raten: Welche sind ihre und welche seine Füße?
Das gleiche Spiel können wir auch mit den Händen oder einem abgeschnittenen Haar spielen.
Sie können statt eines Tuches in einen großen Karton vier Löcher schneiden und dort die Füße/Hände durchstecken.

Händeturm

SEINE und IHRE unterscheiden

Viele Hände werden aufeinandergelegt zu einem richtigen Turm. Jetzt tippen Sie an einen Finger:

Ist das ihre oder seine Hand? Wessen Hand ist das?

Frag deine Familie

 Über Ähnlichkeiten und Unterschiede in vielen Sprachen nachdenken, Selbstbewusstsein stärken, Familie einbeziehen

Bitte überlegt mit eurer Familie, euren Eltern oder Geschwistern. Wie heißt das in eurer Sprache:
Kopf? Bauch? Hand? Fuß? Herz?
Bitte fragt zu Hause nach!

Beim nächsten Mal vergleichen wir die Wörter und denken über Unterschiede und Ähnlichkeiten nach.

EINES und VIELE

Wie soll's jetzt weiter gehen?

Wünsche äußern und sich einigen

Vorschlag: Sie schlagen den Kindern eine Auswahl vor, z.B.

– mit den Zehen fühlen oder
– Yppso, den Außerirdischen bauen (siehe nächste Seite)

und geben ihnen einige Minuten Zeit, um zu diskutieren und eine Einigung zu finden.

Mit den Zehen

Mit Füßen und Zehen wahrnehmen, sich entspannen

Material: viele kleine Gegenstände, z.B. Stoff-, Woll-, Fellreste, Steinchen, Murmeln, Nüsse, Gummistücke ...

Ein Kind schließt die Augen und tastet mit den Zehen:

Wie fühlt es sich an? (weich – hart, kalt – heiß, fest – locker ...) Was ist das? (Steine, Watte, Fell ...?) Ist es eines oder sind es viele Gegenstände?

Wenn Sie das Spiel im Freien spielen können, macht es besonders viel Spaß und die Zehen können Sand, Stöckchen, Blätter erfühlen.

Yppso, der Außerirdische

 Über Einzahl- und Mehrzahlen nachdenken, Körperteile benennen

Material: Knete oder Buntstifte und Papier

Yppso ist ein Außerirdischer. Er hat alle Körperteile, die wir auch haben. Und doch ist er ganz anders. Alles was wir zweimal haben, hat er nur einmal. Was wir einmal haben, hat er oft:

Wir haben zwei Augen. – Wie viele Augen hat Yppso? Er hat ein Auge!
Wir haben eine Nase. – Wie viele Nasen hat er? Er hat viele Nasen!

Macht ihr weiter?

Knete oder male deinen eigenen Yppso!
Wie sieht dein Yppso aus? Bitte beschreibe ihn!

Varianten:
– Körperteile aus Zeitschriften ausschneiden und eine Yppso-Collage kleben oder
– einen großen Yppso aus Pappmachè bauen.

Ist es praktisch, ein Yppso zu sein? Was kann er?

Zum Beispiel kann er mit zwei Mündern gleichzeitig Kakao und Limonade trinken...

Aus der Erprobung: Dieses Spiel wurde von den Kindern sehr gern angenommen. Vor allem kommt es hier auf das Beschreiben und das Reden über Pluralformen an.

Die Sprachforscher: eines oder mehrere?

 Bemerken, wo die Information steckt, die Einzahl und Mehrzahl unterscheidet

Kreisspiel: Alle stellen sich im Kreis auf. Ein Kind denkt sich ein Körperteil und sagt es. Die anderen heben eine Hand, wenn sie glauben, es ist eines, beide Hände, wenn sie Mehrzahl verstehen.
Dann ist ein anderes Kind an der Reihe.

Nach einer Weile fragen wir:

Woher wisst ihr, wie viele es sind?
Was verändert sich?
Verändert sich das Wort am Anfang? In der Mitte? Am Ende?

Ich, der Zauberer

 Wir knacken den Pluralzauber: Wie viele Zaubersprüche gibt es? Wie lauten sie?

Material: Zauberutensilien wie ein glitzernder Zauberstab; Sachen zum Verkleiden und/oder Schminken erhöhen den Reiz des Spieles sehr.

Der Zauberkreis wird am besten mit „Die Sprachforscher: eines oder mehrere?" vorbereitet:

Ihr seid jetzt Zauberlehrlinge auf der Zaubererschule. Bitte stellt euch in einen Kreis.
Jetzt sage ich ein Wort – und ihr zaubert mir viele davon!

Aus der Erprobung: Wir haben dieses Spiel zunächst mit Körperteilen ausprobiert.
Die Kursleiterin ruft: „Eine Nase!" Die Kinder antworten: „Nasen!" und spielen mit ihren Händen und Armen viele Nasen.

Wir schlagen dazu gezielt Wörter aus nur einer Pluralgruppe vor, z.B. zuerst nur aus Gruppe 3 – also Wörter, die ihre Mehrzahl durch ein –n am Ende zeigen wie Zehe, Auge, Lippe, Puppe ...

Wenn Sie glauben, die Kinder haben das Prinzip dieser Pluralgruppe verstanden – also bei Gruppe 3 das „n" am Wortende, fragen Sie:

Wir brauchen auch einen Zauberspruch. Mit welchem Zauberspruch mache ich aus einer Nase viele Nasen? Was verändern wir?

Wenn nötig, unterstreichen Sie mit der Stimme:

Hört genau hin. Eine Nase – viele Nasen, ein Auge – viele Augen. Was verändern wir?

Wenn die Kinder den Zauberspruch erkennen und formulieren können („Da kommt ein n hinzu!"), gehen Sie zur nächsten Pluralgruppe über.

Aus der Erprobung: In unseren Probestunden haben wir uns auf die Veränderungen am Wortende konzentriert. Auf den Wechsel in der Mitte wie bei „Ball – Bälle" lenkten wir die Aufmerksamkeit erst, wenn die Kinder recht sicher in der Mehrzahlbildung waren. Als gute Reihenfolge hat sich etwa diese gezeigt:

1. Der s – Zauber
(gesprochen: „sss-Zauber", nicht „es"-Zauber): Po, Auto, Handy, Barbie, Foto, Oma , Opa, Radiergummi, Kaugummi, Bonbon, Joghurt ...

2. Der n -Zauber
(gesprochen: „nnn" – nicht „en"): Nase, Zehe, Auge, Zunge, Lippe, Achsel, Braue, Ohr, Herz, Prinz, Prinzessin, Puppe, Bär, Drache, Löwe, Katze, Junge, Held, Bett, Frau, Straße, Hemd, Hose, Socke ...

3. Der er – Zauber
Gesicht, Mund, Kind, Geist, Brett, Feld, Rind
(mit Umlautänderung): Buch, Loch, Wald, Bad, Haus, Huhn, Blatt, Kalb ...

4. Der e – Zauber
(gesprochen[ə:]) Haar, Knie, Bein,Tag, König, Tisch, Stift, Brief, Hund, Schaf, Stein, Brot, Stück, Teppich, Boot, Schiff ...
(mit Umlautänderung): Ball, Hand, Bart, Sohn, Maus, Nacht, Stadt ...

5. Der 0 – Zauber
Daumen, Rücken, Nabel, Ellenbogen, Finger, Mädchen, Sieger, Verlierer, Gewinner, Lehrer, Erzieher, Becher, Tiger, Wagen, Gürtel, Sänger, Musiker, Tischler, Computer ...
(mit Umlautänderung): Vater, Mutter, Vogel ...

Der Zauberkreis

Pluralmorpheme bewusst wahrnehmen, Sprache sichtbar machen

Material: ein vorbereitetes Plakat mit einem Kreis, der in fünf Tortenstücke unterteilt ist – vielleicht mit Glitzerstift auf Tonkarton oder mit Zauberpulver am Rand dekoriert ... wenn das nicht geht, genügt auch eine einfache Skizze; außerdem: eine Kiste mit vorbereiteten Dingen zum Einsortieren, für jeden Zauberspruch etwa 4-5 Dinge. Auch die Karten aus dem Körpermemory eignen sich gut dafür.
An Gegenständen können Sie z.B. nehmen: -s: Handy, Auto, Barbie, Foto, Pokarte; -n: Puppe, Bär, Löwe, Muschel, Lippekarte; -er: Buch, Kind, Haus, Bild, Gesichterkarte; -e: Hund, Schaf, Stein, Brot, Beinekarte; 0: Gürtel, Becher, Tiger, Mädchen, Fingerkarte.

Als Zauberlehrlinge auf der Zauberschule brauchen wir auch ein Zauberbuch oder ein Zauberplakat, auf dem wir die Zaubersprüche festhalten! Das machen wir jetzt.

Sie können einen Zauberspruch vorgeben, in dem sie in ein Feld einen Gegenstand hineinstellen – z.B. ein kleines Auto.

Mit welchem Zauberspruch mache ich aus einem Auto viele? Bei welchen Dingen ist es genauso?

Die Kinder sammeln die Wörter und stellen sie in den Kreis. Dann markieren Sie das nächste Tortenstück und verfahren genauso, bis alle fünf Zaubersprüche dargestellt sind.

Variante: Statt Gegenstände in den Kreis zu stellen, können Dinge gemalt oder ausgeschnitten und eingeklebt werden.

Zauberkreis mit Karten

Mit Wörtern spielen

Material: Spielkarten mit vielfältigen Abbildungen, zum Beispiel von Körperteilen oder Tieren, der Zauberkreis aus dem vorigen Spiel

Die Spielkarten werden verdeckt ausgelegt. Reihum zieht jeder Mitspieler eine Karte.

Mit welchem Zauberspruch machen wir viele davon? Auf welches Zauberfeld gehört die Karte?

Daraus kann ein Würfelspiel werden: Wer eine Sechs würfelt, darf einen Gegenstand hinstellen und bekommt einen Punkt. Dafür können wir auch zwei Mannschaften bilden.

Mit allen Sinnen

Die Sinnenstraße

Wörter für Sinneserfahrungen lernen, Wortschatz erweitern

Wir bauen einen Weg aus Stationen, bei denen immer mindestens ein Sinn angesprochen wird.

Material: je ein Stück Apfel, Brot, Seife, ein Stofftier, 6 Bauklötze mit Fell und Sandpapier, Rosinen, Essiggurken, Salz, 1 Seil, zwei Schüsselchen, Sand in einer Kiste oder Modelliermasse.

Station 1: Riechen
Mit verbundenen Augen raten wir:
– *Ist das ein Stück Apfel, Brot oder Seife?*
– *Was tue ich?*
– *Welchen Körperteil benutze ich dazu?*

Station 2: Sehen

Wir verstecken ein Stofftier oder einen anderen Gegenstand im Raum:
- *Wer sieht es?*
- *Was tue ich?*
- *Welche Körperteile benutze ich dazu?*

Station 3: Fühlen – tasten

Wir bekleben jeweils ein Bauklotzpärchen mit Sandpapier, Fell oder anderen unterschiedlichen Materialien, eines lassen wir glatt. Mit verbundenen Augen fühlen die Kinder:
- *Was gehört zusammen?*
- *Was tue ich?*
- *Welche Körperteile benutze ich dazu?*

Station 4: Hören und sprechen

Wir sagen langsam einen Zauberspruch, zum Beispiel:
- *Homipatem – wer kann ihn nachsprechen?*
- *Was tue ich?*
- *Welche Körperteile benutze ich dazu?*

Station 5: Schmecken

Wir suchen Essen in den Geschmacksrichtungen süß/sauer und salzig – zum Beispiel Rosinen, Essiggurken und Salz:
- *Was ist süß, was sauer, was salzig?*
- *Was tue ich?*
- *Welche Körperteile benutze ich?*

Station 6: Gleichgewicht

Wir balancieren auf einem Seil oder einem Kreidestrich:
- *Was tue ich?*
- *Welches Organ benutze ich?*
  (Das Gleichgewichtsorgan im Innenohr)

Station 7: Fühlen (warm/kalt)

Sie füllen zwei Schüsselchen mit warmem und kaltem Wasser und verbinden die Augen:
- *Was fühlst du?*
- *Womit? (Haut)*

Zum ruhigen Ausklang: Die Kinder malen ihre Hände ab oder machen Abdrücke in Sand oder – als bleibendes Dokument – in Modelliermasse.

Wie war's?

Kinderdokumentation

 *Was hat euch gut gefallen?*

Als Einstieg oder zum Abschluss kann die Kopiervorlage „Kinderdokumentation – unser Ballonbild" dienen. Dort halten die Kinder fest, was sie am wichtigsten oder schönsten in dieser Einheit fanden.

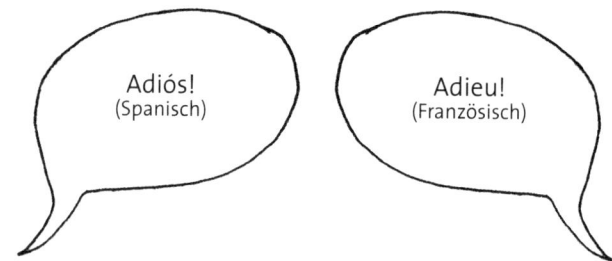

Adiós!
(Spanisch)

Adieu!
(Französisch)

Dokumentation

 Ihre Beobachtungen

Junge Sprachlerner verwenden oft eine Zeitlang konsequent „falsche" Formen, egal wie oft ihnen die richtigen oder – genauer – zielsprachlichen Formen angeboten werden. Tage oder Wochen später ist dann scheinbar plötzlich der richtige Ausdruck da. Manchmal benutzen Kinder eine Zeit lang die „alte" und die „neue" Ausdrucksweise gleichzeitig, bis sie immer die korrekte Form anwenden.

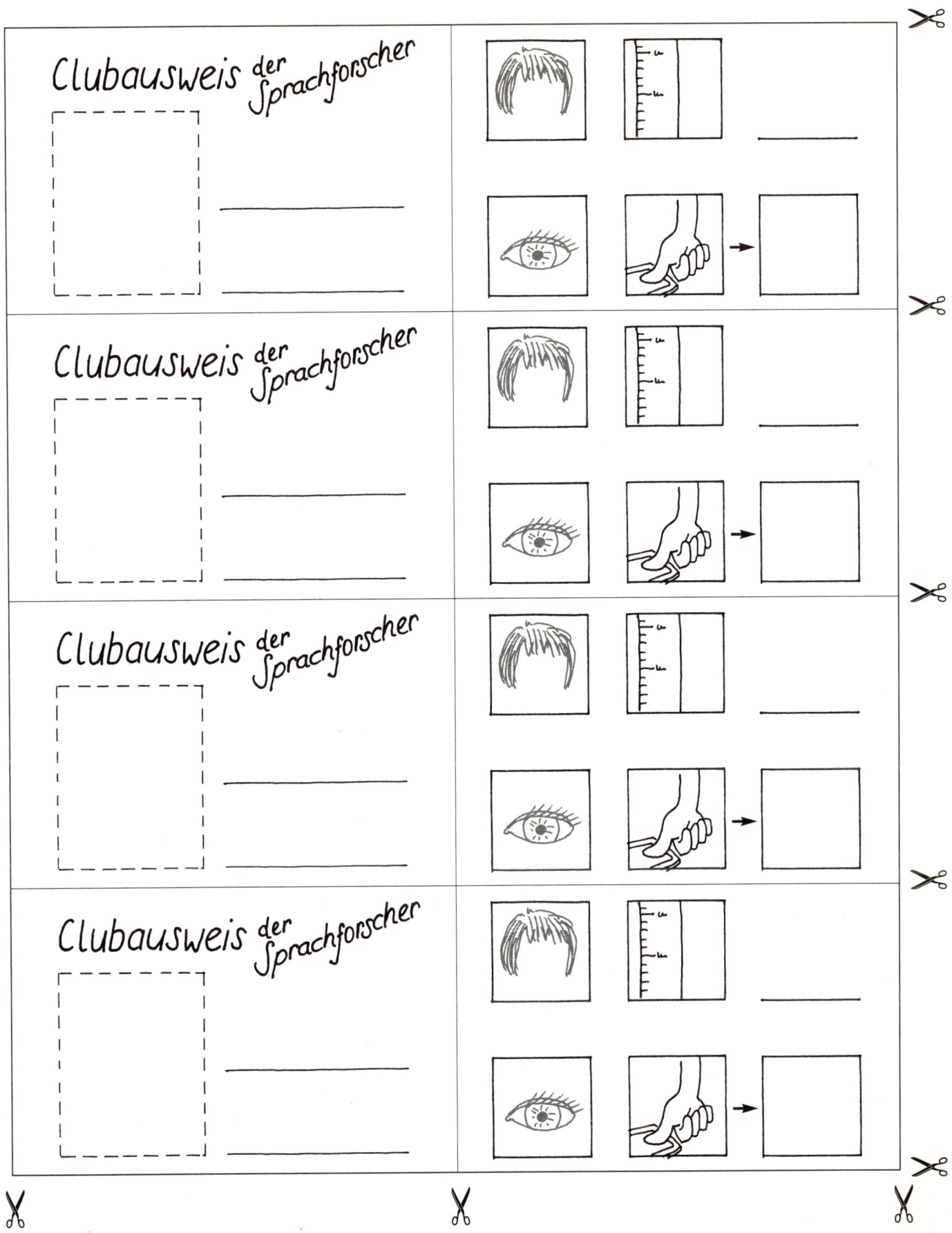

Ausschneiden und von den Kindern ausfüllen lassen, dann falten und zusammenkleben.

© Spiel mit Deutsch: Zauberei rund um den Körper, Verlag Herder: Freiburg Basel Wien 2006
ISBN-13: 978-3-451-28927-9; ISBN-10: 3-451-28927-X

Memory der Körperteile

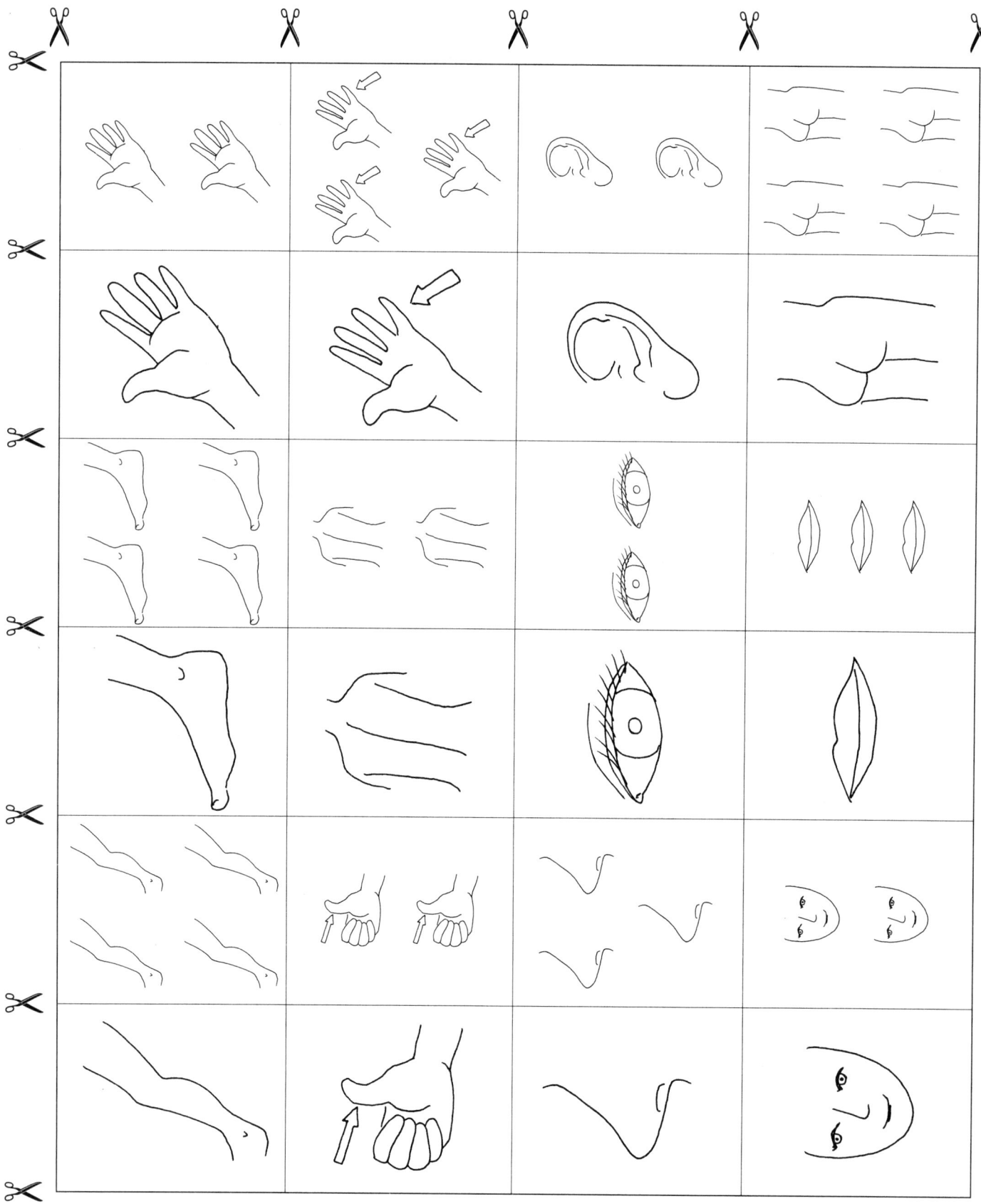

Memory entlang der Schnittlinien ausschneiden, auf Karton kleben und spielen (Körperteile in Einzahl und Mehr-zahl benennen und richtig zuordnen). Ggf. vorher laminieren.

© Spiel mit Deutsch: Zauberei rund um den Körper, Verlag Herder: Freiburg Basel Wien 2006
ISBN-13: 978-3-451-28927-9; ISBN-10: 3-451-28927-X

5 Zusammen groß werden – unser Tag

Hintergründe

Von trennbaren, starken und schwachen Verben

Haben Sie einmal beobachten können, was passiert, wenn ein Tier eine Eidechse in den Schwanz beißt? Sie verliert ihn und läuft weg! In ein paar Wochen wächst er wieder nach.

Und wissen Sie, was eine Eidechse und ein Wort wie ANZIEHEN gemeinsam haben? Auch ANZIEHEN kann einen Teil von sich abtrennen und an einer anderen Stelle wieder finden, wie z.B.:

Ich *ziehe* meinen allerschönsten roten Pullover *an*.

Oder eine andere „Eidechse":

Gerne *hören* wir dir *zu*.

Einen kleinen Unterschied gibt es: Der Schwanz von Eidechsen kann nur einmal abbrechen und wächst dann etwas kürzer nach, der Schwanz der Eidechsenwörter dagegen kann immer wieder an das Wort gefügt werden, wie bei der Frage:

Willst du nicht lieber den grünen Pulli *anziehen*?

Der Fachausdruck für diese Verben heißt „trennbare Verben". Beispiele sind:

auszuziehen, nachsprechen, anrufen, ausreden, mitmachen, aus-, ein- und aufräumen, aus- und einordnen, ein- und auspacken, abholen, ankleben, wegwerfen.

Im Deutschen unterscheiden wir nicht nur trennbare und nicht trennbare Verben voneinander, sondern auch starke und schwache Verben. Diese Einteilung geht auf Jakob Grimm zurück, den Märchensammler und Philologen.

Schwache Verben sind regelmäßig und verändern nur ihr Ende (LIEBEN – ICH LIEBE/ REDEN – DU REDEST). Weitere Beispiele für sie sind:

achten, ablehnen, ablenken, sich anstrengen, atmen, aufräumen, gestalten, bellen, benutzen, besuchen, brauchen, bremsen, brennen, eilen, glauben, hören, malen, leihen, rechnen, reisen, spielen, suchen, stellen, stürzen, tauschen, teilen, verstecken, zählen, zaubern, zeichnen.

Starke Verben verändern sich in der Mitte – manche in der Gegenwart, manche erst in der Vergangenheit, wie RUFEN – ER RIEF.

Wenn starke Verben ihre Mitte in der Gegenwart verändern, dann nur bei den Personen DU und ER, SIE, ES zuweilen schon bei ICH, niemals bei WIR, IHR, SIE in der Mehrzahl:

Sprechen	Wissen
ich spreche	ich weiß
du sprichst	du weißt
er spricht	er weiß
wir sprechen	wir wissen
ihr sprecht	ihr wisst
sie sprechen	sie wissen

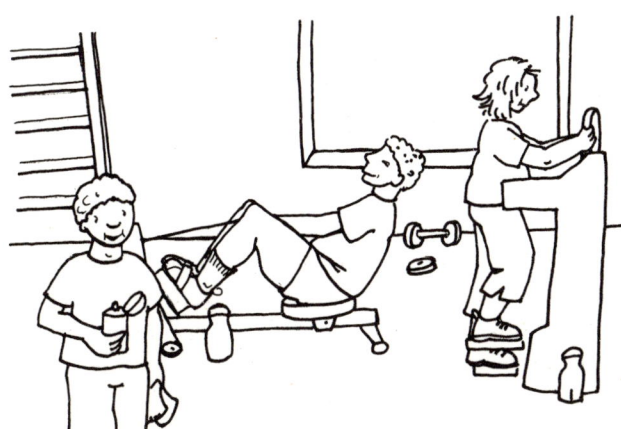

Schwach und …

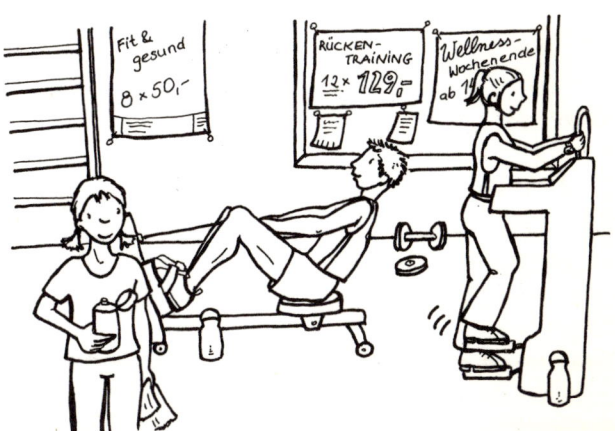

… stark

Wichtige starke Verben sind:

backen, befehlen, blasen, braten, brechen, dürfen, erschrecken, essen, fahren, fallen, fangen, fressen, geben, gelten, geschehen, graben, halten, helfen, können, lassen, laden, laufen, lesen, messen, mögen, müssen, nehmen, raten, schlafen, schlagen, schmelzen, sehen, sprechen, stechen, stehlen, stoßen, tragen, treffen, treten, vergessen, wachsen, waschen, werden, werfen, wollen, wissen.

Es lohnt sich, die Kinder zum Hinhören zu ermutigen, damit sie sich dieser Lautverschiebungen bewusst werden. Nicht unbedingt müssen sie alle Formen stets korrekt anwenden – auch gute deutschsprachige Grundschüler machen bis in die vierte Klasse noch gelegentlich Fehler wie „er tragt".

Die Verwendung der starken Verben hat im Laufe der Zeit abgenommen – früher sagten alle *BUK*, heute ist *BACKTE* gebräuchlicher; viele Kinder gebrauchen TRETEN heute schwach wie in ER TRETET MICH, das der Duden bisher nur stark kennt und in der Form TRITT aufführt.

Soweit das Hintergrundwissen. Für die Kinder selbst ist wichtig, dass sie die Veränderungen wahrnehmen und auf sie aufmerksam werden. Sie profitieren von einem deutlichen und positiven Sprachangebot, in dem dieser Umgang mit Worten gut zu erlauschen ist. Mit anderen Worten – Gespräche und Spiele, in denen starke, schwache und trennbare Verben vorkommen. Eine ausformulierte Regel „wie im Duden" brauchen sie nicht.

Von morgens bis abends

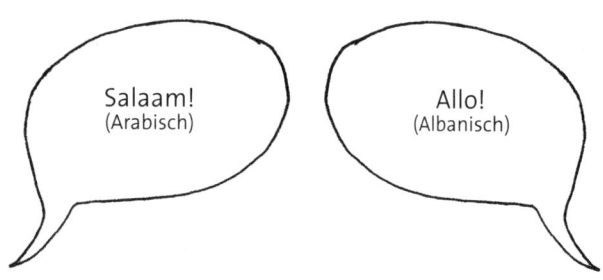

Salaam!
(Arabisch)

Allo!
(Albanisch)

Guten Morgen!

Mit starken Verben über den Tag sprechen

Wie beginnst du deinen Tag?
Wie stehst du auf?

Was isst du zum Frühstück?
Was tust du am Morgen?

Ein deutsches Sprichwort lautet:
Zum Frühstück sollst du essen wie ein König, zu Mittag wie ein Ritter, abends wie ein Bettler.
Was ist damit gemeint?

Findest du das auch?
Welche Mahlzeit hast du am liebsten?
Wann isst du am meisten?

Frag deine Familie

 Das Thema mit nach Hause nehmen

Kennt ihr andere Sprichwörter zum Essen?
Welche Mahlzeit findet deine Familie am wichtigsten?

Gemeinsames Frühstück kunterbunt

Selbst organisieren, über Berufe sprechen

Jedes Kind bringt eine Kostprobe davon mit, was es besonders gern isst und was es für gesund hält:

Wie heißt das?
Woher kommt das?
Wer macht das?

Das Chaosfrühstück

Mit trennbaren Verben spielen

Gemeinsam denken sich alle ein Puppenspiel aus, das dann aufgeführt wird. Es könnte zum Beispiel so beginnen:

Knubbel frühstückt – doch leider geht alles schief! Er schüttet den Kakao aus. Als er die Pfütze wegwischen will, stößt er die Blumenvase um. Und was passiert ihm noch alles? – Zum Schluss wirft er noch den Tisch um!

Wörter zum Anregen:

abbeißen, abputzen, abschneiden, aufräumen, aufwischen, ausgießen, austrinken, durchschneiden, einfüllen, hinstellen, umfallen, umrühren, umschütten, umwerfen, wegwerfen …

Wie geht dein Tag weiter?

In der Gruppe sprechen

Material: ein Bilderbuch oder Bildkarten über einen Tagesablauf

Es könnte zuerst gemeinsam der Tagesablauf anhand eines Buches oder mit Karten besprochen werden, damit die Kinder die sprachlichen Mittel kennen lernen. Danach beschreiben sie ihren eigenen Tag.

Was seht ihr hier?
Wie verläuft euer Tag?

Wochentage und Wochenende

Wortschatz vergrößern

Wie heißen die Wochentage?
Welche Tage nennen wir Wochenende?
Was ist am Wochenende anders?
Steht ihr am Wochenende um die gleiche Zeit auf wie sonst?
Gehen eure Eltern zur Arbeit?
Darfst du am Wochenende abends länger wach bleiben?

Welchen Tag meinen wir mit „heute"?
Und wie heißt der Tag davor?
Und der Tag danach?

Tageszeiten – hier und anderswo

Über Tageszeiten sprechen und den Erfahrungen der Kinder Raum geben

Welche Zeit haben wir jetzt? Welche Tageszeit haben wir in anderen Ländern der Welt?

Gerade Kinder mit Angehörigen und Freunden in weit entfernten Ländern kennen die Zeitverschiebung gut – wann man telefonieren kann, beim Fliegen…

Ist es jetzt für eure gesamte Familie Morgen? Für wen ist jetzt Nacht?
Habt ihr Freunde in Ländern, die weit weg sind? Welche Zeit ist für sie?
Was tun jetzt die Kinder in anderen Ländern der Welt?

Wenn Sie einen Globus und eine Tischlampe oder eine Taschenlampe besorgen können, können die Kinder erleben, wie es auf einer Seite der Erde Tag und auf der anderen Nacht ist.

Wie Eidechsen: Trennbare Verben

Oh, du mein Hampelmann[1]

Singend ins Thema kommen

Nach dem bekannten Kinderlied:

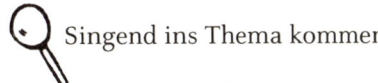

Jetzt steigt Hampelmann, Hampelmann, Hampelmann aus seinem Bett heraus.

Refrain: Oh du mein Hampelmann …

Strophen:
Jetzt zieht Hampelmann	… seinen Pyjama aus
	… seine Hose an
	… seinen Pulli an
	…
	… seine Jacke an
Jetzt macht Hampelmann	… seine Jacke zu – fertig!

Unsere Eidechsengeschichte

Trennbare Verben bewusst hören

Zuerst spielen oder erzählen Sie eine kleine Geschichte:

Es war einmal eine kleine grüne Eidechse mit dem Namen Esmeralda. Esmeralda liebte es, in der Sonne zu liegen. Morgens schnappte sie ein paar Fliegen und dann suchte sie sich einen schönen warmen Platz. Mittags suchte sie sich ein paar andere kleine Insekten, huschte hierhin, huschte dorthin, und dann schlief sie auf einem Stein in der Sonne. Nachmittags und abends machte sie wenig anderes.
Doch heute nach ihrem Schläfchen weckte sie ein leises Rütteln des Steines, auf dem sie lag. Eine Schlange war da und ehe Esmeralda weghuschen konnte, hatte die Schlange schon ihren Schwanz gepackt! Aber Esmeralda war klüger: Ein kleiner Ruck und schon hatte die Schlange nur noch den Schwanzrest im Maul. Esmeralda brachte sich in Sicherheit und wartete einfach, bis ihr ein neuer Schwanz wuchs.
So wie dir deine neuen Zähne.

[1] Diese Idee ist in einer Fortbildung in Mainz entstanden, und den Erzieherinnen danke ich herzlich für die Genehmigung zum Abdruck.

Würdet ihr das auch gerne können?
Welche Tiere können das auch?
(Leguane, Salamander, Molche ...)

Es gibt Wörter, die können das auch!
So ein Eidechsenwort ist AB-HOLEN:
Heute holt mich die Mama ab.

Und wenn wir sagen:
Kannst du mich heute früher abholen? –
Dann ist der Schwanz wieder dran.

Wenn die Kinder möchten, können Sie Ihnen eine Kopiervorlage mit Eidechsen anbieten, die sie mit Glitter und ähnlichem Material gestalten.

Das Eidechsenrätsel

Kleine wichtige Silben wahrnehmen

Jetzt habe ich eine kleine Geschichte von Esmeraldas Freundin. Leider sind die „Schwänze" von den Wörtern verloren gegangen. Findet ihr sie?

Esmeraldas Freundin heißt Anna. Sie ist ein Mädchen und wohnt an der Mauer mit Esmeraldas Lieblingsplatz. Sie wundert sich nicht schlecht, dass der Schwanz der kleinen Eidechse erst weg ist und dann jeden Tag etwas nachwächst.
So sieht Annas Tag aus:
Morgens steht sie früh ... und wäscht sich. Doch sie zieht sich nicht gerne ... . Lieber geht sie in die Küche und gießt sich Kakao ... . Dann trinkt sie den Becher mit einem Mal ... und isst eine Banane und einen Teller Müsli. Das ist etwas zu viel, darum isst sie das Müsli nicht ... . Jetzt zieht sie sich endlich ..., das heißt zuerst zieht sie den Pyjama ... . Sie räumt ihr Zimmer schnell ..., nimmt ihre Tasche und geht zu ihrer Mutter: „Ich bin fertig! Komm, wir fahren ...!" Die Mutter packt gerade ein Brötchen für sie ... . Sie steigen in das Auto ... und fahren um ein paar Kurven. Nach fünf Minuten kommen sie ... . Anna steigt ... und geht in die Schule.

Bei uns geht es rund

Wir räumen auf!

Trennbare Verben verwenden

Das perfekte Spiel für ein richtig unordentliches Zimmer. Wir setzen uns mitten in das Chaos:
Was räumt ihr auf?

Jedes Kind sucht sich eine Aufgabe, benennt sie – und erledigt sie dann natürlich auch.

Welche Arbeiten machst du zu Hause?

Gespräch mit trennbaren und anderen Verben

Was macht ihr zu Hause? Müll wegbringen, auf Geschwister aufpassen, Geschirrspülmaschine ausräumen, abwaschen, abtrocknen, andere Aufgaben? Wie ist es zwischen Jungen und Mädchen verteilt?

Ich ziehe der Puppe einen Hut ... – an!

Trennbare Verben und Wortschatz „Kleidung" benutzen, Gedächtnistraining

Material: Wenn Sie wollen, können Sie das Spiel sehr schön mit einer Puppe oder einem Teddy und einem großen Korb Puppenkleidern spielen oder mit einem Kind in der Mitte und vielen Verkleidungsstücken.

Das Spiel funktioniert wie „Koffer packen". Die Kinder spielen es im Kreis und wiederholen, was der Vorredner gesagt hat, z.B.:

Ich ziehe unserem Teddy eine Socke an.
Ich ziehe unserem Teddy eine Socke und eine Mütze an.

Auf das AN kommt es an! Komischerweise entsteht bald bei dieser Art von Spiel eine große Spannung, bis das erlösende AN kommt. Instinktiv merken alle Kinder, wie wichtig diese kleine Silbe ist.

Viel Spaß macht es, wenn sich alle Kinder pantomimisch die genannten Kleidungsstücke an- und ausziehen. Mit cleveren Kindern ziehen wir zwischendurch auch etwas aus oder wir warten, bis die Puppe, der Teddy oder das Kind ziemlich gut eingemummelt sind und beginnen dann mit dem Ausziehen.

Auf und zu

Still werden, lauschen und sich konzentrieren

Material: Alltagsgegenstände, die beim Öffnen und Schließen Geräusche machen wie Klettverschlüsse, Frühstücksdosen, Bonbonpapier, Reißverschluss, Bücher, Rucksackschnalle, Haarspange ...

Bis auf ein Kind schließen alle die Augen, es öffnet und schließt etwas:

Wer hört, was es ist? Mache ich etwas auf oder zu?

Leichter wird es, wenn die Spieler die Gegenstände vorher ansehen und ausprobieren.

Auf und zu mit dem Mund

a – b – p unterscheiden

Wie hört es sich an, wenn der Mund offen ist und ihr etwas sagt? Und wenn der Mund geschlossen ist? Wie macht ihr [b]? Wie [p]? Was ist anders?

Nicht jeder Tag ist friedlich

Über etwas sprechen, das alle betrifft und Vereinbarungen treffen; starke Verben benutzen

Streit gehört zu vielen Tagen dazu. Wann habt ihr euch das letzte Mal gestritten? Wie war das?
Was habt ihr dann gemacht?
Habt ihr euch vertragen? Wie?
Habt ihr euch dazu die Hand gegeben?

Wann findet ihr Streiten richtig?
Was ist dabei in Ordnung, was nicht?
Was tut ihr, wenn sich zwei Kinder streiten, treten oder schlagen?

Was findet ihr richtig?
Wenn ein Kind mich schlägt, dann ....
Wenn wir Streit haben, dann ...
Wenn mich etwas ärgert, dann ...
Wenn mich jemand tritt, dann ...
Wenn mich jemand beleidigt, dann ...

Die Kinder diskutieren und finden Regeln, an die sie sich halten wollen. Wir malen die Regeln auf.

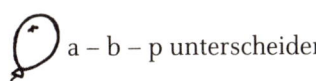 SCHLAGEN und TRETEN verändern ihre Wortmitte. Deshalb ist es gut, diese Verben sehr genau auszusprechen, z.B. „*Wenn mich jemand schlägt, schlage ich nicht zurück, sondern ...*"

Hört mal hin!

Lauschen und zuhören, die Veränderung in der Wortmitte bemerken

Wenn du schlägst, schlage ich nicht.
Wenn du trittst – trete ich dich nicht.
Wenn du sprichst – spreche ich nicht.

Wenn du mir hilfst, helfe ich dir auch.
Wenn du isst, esse ich auch.
Du gibst mir etwas, ich gebe dir etwas.

Was fällt euch auf? Wo verändert sich etwas im Wort? Am Anfang, in der Mitte, am Ende? Was?

Ein Sonnentag im Winter

Bewusst die Wortmitte wahrnehmen

Alle stellen sich in einen Kreis und spielen und reden mit:

Stellt euch vor, wir sind Schneemänner! Doch – jetzt kommt die Sonne hervor und scheint auf uns. Was geschieht?

Es schmilzt die Nase. Dann schmelzen die Finger. Was schmilzt als nächstes?

Auf der Wiese

Auf Lautveränderung in den Verben aufmerksam werden

Was tun die Kinder?

Die Kopiervorlage eignet sich auch zum kreativen Gestalten, zum Beispiel für eine Collage oder zum Ausmalen ...

Was macht ihr gern am Nachmittag?
Möchtest du das gestalten?

Am Abend

Den Tag abschließen

Wer bringt dich zu Bett? Liest dir jemand noch eine Geschichte vor? In welcher Sprache?

Frag deine Familie

 Vielsprachigkeit zeigen

Sagt ihr euch „gute Nacht"? Wie sagt man das in vielen Sprachen?

Ein ganz verrückter Tag

Kinder erzählen, Erwachsene schreiben es auf

Wir erzählen zusammen eine Geschichte von einem ganz verrückten Tag. Was soll darin vorkommen?

Die Kinder sammeln Figuren, die in der Geschichte eine Rolle spielen sollen – z.B. ein Clown, ein Baum, ein Schmetterling und eine Eisenbahn. Vielleicht malen sie die Figuren auf, dann können sie sie in die Mitte legen und sind für alle präsent.

Jetzt erzählen alle gemeinsam eine Geschichte – ein Kind fängt an, dann führt ein anderes die Handlung fort. Sie schreiben alles auf – wenn Sie möchten, auf die Kopiervorlage von Seite 55. Am Ende setzen die Autorinnen und Autoren ihre Namen darunter.

Das Ergebnis kann zum Beispiel für alle vervielfältigt werden, anderen vorgelesen werden und-oder in die Dokumentation eingehen.

Kinderdiktate haben viele interessante Seiten: Zunächst wird gemeinsam eine Geschichte erzählt – also ein mündlicher Text im Team hergestellt. Dass er dann aufgeschrieben wird, macht ihn zu einem dauerhaften Dokument. Mit Ihrer Hilfe fungieren die Kinder so als Autoren und können Text-Schrift-Erfahrungen sammeln.

Wie war's?

Kinderdokumentation

 Die Kinder tauschen ihre Eindrücke aus.

Als Einstieg oder zum Abschluss kann die Kopiervorlage „Kinderdokumentation – unser Ballonbild" dienen. Dort halten die Kinder fest, was sie am wichtigsten oder schönsten in dieser Einheit fanden.

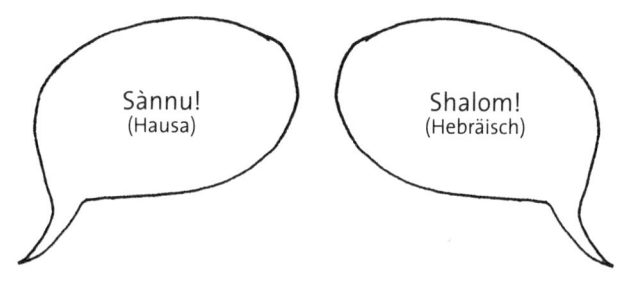

Sànnu! (Hausa)

Shalom! (Hebräisch)

Dokumentation

 Ihre Beobachtungen

Meine Eidechse

Wenn ihr mögt, könnt ihr die Eidechsen auf Karton kleben und gestalten.

© Spiel mit Deutsch: Zusammen groß werden, Verlag Herder: Freiburg Basel Wien 2006
ISBN-13: 978-3-451-28927-9; ISBN-10: 3-451-28927-X

Auf der Wiese

Was tun die Kinder?

© Spiel mit Deutsch: Zusammen groß werden, Verlag Herder: Freiburg Basel Wien 2006
ISBN-13: 978-3-451-28927-9; ISBN-10: 3-451-28927-X

Ein besonderes Buch für eine gemeinsame Geschichte! Zum Kopieren, Ausschneiden und Beschreiben.

© Spiel mit Deutsch: Zusammen groß werden, Verlag Herder: Freiburg Basel Wien 2006

ISBN-13: 978-3-451-28927-9; ISBN-10: 3-451-28927-X

6 Was wächst hier? Kann man es essen?

Hintergründe

Der Satz

ℹ In der deutschen Sprache kann man vieles im Satz verändern, doch nicht die Stellung des Verbs, ohne den Sinn zu verändern. Es gibt grundsätzlich zwei Möglichkeiten:

Das Verb steht an zweiter Stelle, wie in:

Ich **lerne** schnell oder
Morgen **fahre** ich mit dem Bus.

Das Verb steht am Ende eines Nebensatzes wie in:

... weil mich das **interessiert**.

Wir interessieren uns zunächst für den Hauptsatz mit dem Verb an zweiter Position. Kurz können wir dafür auch sagen: V 2 – V wie Verb und zwei für die Stelle. Die anderen Satzteile können wir hin- und herschieben und trotzdem bleibt der Sinn der gleiche:

Der Hund beißt den Mann.
Den Mann beißt der Hund.
Morgen beißt der Hund einen anderen Mann.

Das ist in vielen Sprachen anders. Werden die Wörter vertauscht, entsteht oft etwas Lustiges, wie hier auf Italienisch:

Il cane morde l'uomo. (Der Hund beißt den Mann.)

L'uomo morde il cane. (Der Mann beißt den Hund.)

Wie in fester Anker in all diesen Variationen bleibt das Verb im Deutschen an seiner zweiten Position. Das ist nicht immer leicht, wie hier:

Anna **kauft** eine Banane.

Morgen **kauft** Anna Orangen.

Aber nicht:

Morgen Anna kauft Orangen.

ANNA wandert um das Verb herum, wenn sich ein anderes Wort an den Anfang stellt.

Leider bedeutet „das Verb an zweiter Stelle" nicht, dass es immer oder auch nur meistens das zweite Wort wäre:

Auf dem Balkon an dem Haus mit dem grünen Dach und den roten Ziegeln **steht** ein Mann.

Der gesamte Teil „Aus dem Balkon an dem Haus mit dem grünen Dach und den roten Ziegeln" wird nur einmal „gezählt" – als Ortsangabe.

Ganz genau heißt es: Das finite Verb, das heißt das Verb, das sich mit der Person verändert, steht im Hauptsatz an zweiter Stelle.

	Verb	
Ich	lerne	schnell.
Morgen	fahre	ich mit dem Bus.
Auf dem Balkon an dem Haus mit dem grünen Dach und den roten Ziegeln	steht	ein Mann.
Wo	liegt	nur der Stift?

Die erste Stelle kann sogar leer bleiben, und zwar bei Entscheidungsfragen und Aufforderungen:

Verb	
Tanzt	du auch gern?
Iss	doch mit uns!

Ein deutscher Nebensatz zeichnet sich dagegen dadurch aus, dass das Verb am Ende steht – genauer gesagt, das gebeugte Verb:

..., weil die Arbeit mit Kindern mir Spaß **macht**.
..., dass Irina den Mut zu Sprechen gefunden **hat**.

Nebensätze beginnen zum Beispiel mit WEIL, DASS, OB oder sind Sätze wie diese:

Der Apfel, **den wir gestern gekauft haben**, ...
Ich würde gerne wissen, **warum das so gut geklappt hat!**

Interessanterweise beginnen viele kleine Kinder im Deutschen ihre Sprache mit Äußerungen, bei denen das Verb wie im Nebensatz am Ende steht. Daher gibt es die Annahme, dass eigentlich der Nebensatz das Grundmuster im Deutschen ist und der Hauptsatz die abgeleitete Version.

Wenn wir uns jetzt das Verb genau anschauen, stellen wir fest, dass es außer der Handlung (wie TRINKEN, LERNEN usw.) noch einen wichtigen weiteren Hinweis gibt – wer da nämlich handelt. In der Verbindung und bei den starken Verben in der Mitte steckt diese wichtige Information; diese Teile verändern sich, je nachdem ob z.B. ICH, ER oder WIR gemeint ist. Hundertprozentig klappt das nicht, darum sagen wir im Deutschen immer auch die gemeinte Person mit: **ER LERNT**.

In vielen Sprachen wird das anders gehandhabt als im Deutschen. Im Italienischen zum Beispiel wird die Person meist nicht extra genannt.

Die gemeinte Person und die Verbendung beziehen sich also im Deutschen und in vielen anderen Sprachen aufeinander. Das ist ein sehr zentrales Phänomen, um Sprache zu verstehen! Der Fachausdruck dafür lautet „Kongruenz".

In der Natur

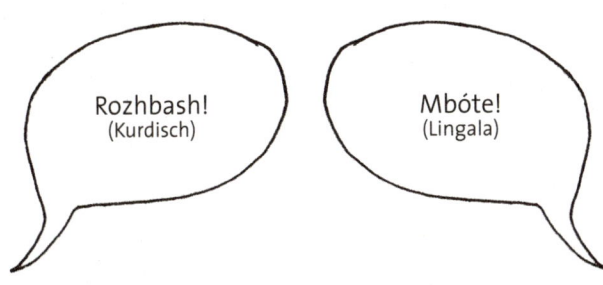

Rozhbash!
(Kurdisch)

Mbóte!
(Lingala)

Wie sieht ein Baum aus?

 Wortschatz erweitern

Auf einem Spaziergang betrachten die Kinder sehr genau Bäume, Sträucher und Pflanzen:

Wie sieht ein Baum aus – wie heißen seine Teile von oben nach unten?
Hat ein Strauch auch einen Stamm?
Wie sieht eine Pflanze aus?

Essbar und giftig

Namen für Pflanzen, Früchte und Pilze kennen lernen

Welche Früchte und Pflanzen darf man essen?
Welche sind giftig?

Welche Beeren kennt ihr?

Zusammengesetzte Wörter bilden; genau hinhören: e-ä

Welcher Beeren esst ihr gern?
Kann man auch Braunbären naschen?

Apfel, Kartoffel und Tomaten – und was daraus werden kann

Mut und Spaß am Bilden neuer Wörter gewinnen, Aufmerksamkeit auf den Artikel lenken

Zusammengesetzte Wörter sind im Deutschen sehr produktiv – jedes Jahr gibt es viele hundert neue. Der Artikel richtet sich dabei nach dem Grundwort, das im Deutschen am Ende steht: DIE TORTE – DIE APFELTORTE, auch wenn es DER APFEL heißt.

Die Teile werden ausgeschnitten. Man kann sie

- als Puzzle einzeln oder zu zweit zusammensetzen
- als Gruppenspiel für drei Kinder nehmen. Dann wird nur ein Satz Kärtchen gebraucht. Jedes Kind sucht sich unter den drei Alternativen Apfel, Tomaten oder Kartoffeln eine Karte aus. Die Kärtchen mit den Wortenden werden in einen Beutel gesteckt. Abwechselnd zieht jedes Kind ein Kärtchen aus dem Beutel. Passt es zu seiner Frucht, kann es dieses anlegen, sagt das neu entstandene Wort und erzählt etwas dazu. Sonst legt es das Kärtchen zurück in den Beutel. Wer als erster alle sechs Felder angelegt hat, ist Sieger.

Wachsen lassen

Eine eigene Dokumentation verfassen; Lernen lernen

Material: Kressesamen, Schälchen/Dosen mit Erde, Sieb, für jedes Kind einen Plastikschnellhefter

Zuerst werden die Samen befühlt, abgespült, vielleicht gekostet und dann gesät.

Was seht ihr nach ein paar Tagen? Wie heißt das? Wie schmeckt das?
Jeden Tag beobachten wir die Keimlinge: Was ist anders? Warum?

Das Tagebuch des Wachsens: An jedem Tag malen die Kinder auf, was sich verändert hat. Am Ende sollten die Blätter für jedes Kind in einen Schnellhefter geheftet werden oder irgendwie repräsentativ zusammengefasst werden. Die Kinder sollten merken, dass Aufzeichnungen wie diese Texte im weiteren Sinne sind. Sie gehören zu ihrem Leben gehören und sie selbst können bereits so etwas wie Autoren sein!

 Kresse schmeckt sehr gut auf Butterbrot oder im Kräuterquark – guten Appetit!

Wie heißt das alles?

Wortschatz erweitern oder sichern

Die Gruppe besucht einen Gemüseladen oder Wochenmarkt in der Nähe:

*Wie heißen die Früchte und Gemüse
auf Deutsch?
In anderen Sprachen?
Stellt ihr Ähnlichkeiten fest?*

*Hat der Name eine Bedeutung?
Zum Beispiel: Erdapfel, Blumenkohl, Rot- und Weißkohl, Blaukraut?*

Sich etwas merken

Riechkim

Alle Sinne ansprechen

Material: Etwa zehn Obst- und Gemüsesorten

Mit verbundenen Augen erriechen die Mitspieler Obst und Gemüse:
Was ist das? Wie ist der Artikel?

Aromakarten: Artikel erschnuppern

Lernen mit allen Sinnen

Material: rauer Karton oder festes Papier, Apfelstücke oder Kaffeebohnen, Zitronenschalestückchen und / oder Pfefferminzblätter oder -öl, Brotkrümel.

 Die Kinder sortieren die Bildkarten nach ihren Begleitern. Dann reiben sie die runden Geruchsfelder auf den Kärtchen so ein:

DER – Felder (Apfel, Blumenkohl, ...)
   Duft: der Apfel (Apfelstück), der Kaffee (-bohne), ...
DIE – Felder (Birne, Ananas...)
   Duft: die Zitrone (Schale), die Pfefferminze, ...
DAS – Felder (Obst, Gemüse, ...)
   Duft: das Brot, ...

Kochen und genießen

Was kann man aus Gemüse machen?

Wortschatz im Gespräch erweitern

Wir sammeln Vorschläge wie Salat, Suppe, Auflauf / Moussaka, Pasta mit Gemüse, Gemüseportrait ...

Was sind eigentlich Hülsenfrüchte?

Wortschatz erweitern

Material: wenn möglich, Erbsen oder Bohnen in Schoten, für jedes Kind eine; außerdem verschiedene Hülsenfrüchte und Klebstoff.

Manche Früchte muss man erst aus einer Hülle herausholen – wie Bohnen und Erbsen. Daher kommt der Name „Hülsenfrüchte". Welche Hülsenfrüchte esst ihr oft?

Anschließend kleben die Kinder die Hülsenfrüchte zu Bildern.

Wie hört sich eine fallende Kaffeebohne an?

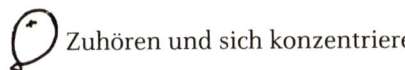 Zuhören und sich konzentrieren

Material: Erbsen, Kartoffeln, Nüsse, Rosinen, Getreide, Kaffeebohnen und dergleichen

Zunächst betrachten die Kinder genau die Nahrungsmittel. Dann schließen sie bis auf eines die Augen. Das sehende Kind lässt ein oder einige Dinge kurz auf den Tisch fallen:

Was war es?

Wer ist ihr Begleiter?

Essen und Kochen

Bald gibt's Essen!

 Verben rund um das Kochen verwenden; erzählen und Nebensätze verwenden

Wer kocht bei euch zu Hause? Womit kocht er oder sie?

Im Deutschen gibt es sehr viele Worte für Kochen: kochen, braten, backen, grillen, dämpfen, brühen, überkochen, verbrennen ... was bedeuten sie?

Manchmal passiert auch etwas beim Kochen – etwas brennt an, die Milch kocht über ... Habt ihr das schon einmal erlebt? Wie war das?

Was macht ihr, wenn so etwas geschieht?
Was tut ihr
– wenn die Milch überkocht
– wenn der Ofen raucht
– wenn etwas anbrennt
– wenn ...

Wörter nur für's Essen?

Übertragene Bedeutungen kennen lernen

Zucker ist süß – klar. Aber wozu sagen wir noch süß? Babys, Kleider, sogar Frisuren heißen manchmal süß. Und nicht nur Zitronen sind sauer, sondern ... ?

Wie ist das in anderen Sprachen?
Kennt ihr Wörter für das Essen oder Redewendungen, die ihr auch für anderes verwendet?
Bitte fragt euere Eltern oder Geschwister danach!

Wisst ihr, was eine Salamitaktik ist?

„Butta la pasta!" – „Wirf die Nudeln ins Wasser" sagt man in Italien, wenn man gleich kommt . Das heißt soviel wie: „In fünf Minuten bin ich da" – so lange kochen Nudeln etwa – „dann essen wir zusammen."

Die Satzschlange

Auf Sätze aufmerksam werden

Ein Kind denkt sich einen sehr kurzen Satz als Anfang aus – beim ersten Mal schlagen Sie vielleicht einen vor wie „Anna erzählt". Jetzt versucht die ganze Gruppe nach und nach den Satz zu verlängern: „Anna erzählt gern – Anna erzählt gern Geschichten ...."

Wenn die Kinder das mögen, können sie sich als Satzschlange aufstellen: Für den ersten Vorschlag an die Spitze, dann stellt sich jeder Satzbauer dahinter und wenn alle Kinder hintereinander stehen, gehen sie als Schlange durch den Raum und singen vielleicht dazu ein Lied.

Essen selbst zubereiten

Obstsalat

Tätigkeiten benennen und verteilen

Material: Küchenbretter, Messer, Obst, Schüssel, Löffel

Wir machen einen Obstsalat: *Was brauchen wir? Was tun wir mit den Früchten und Nüssen?*

---

1 Das ist Polnisch: Ein süßes Mädchen.
2 Das heißt „Sie ist vertrocknet" und kommt aus dem Italienischen. Es bedeutet auch: Sie ist sauer!

Obstsalat-Ratespiel

 Wortschatz im Spiel verfestigen

Ein oder zwei Kinder verlassen den Raum und denken sich eine Tätigkeit aus, z. B. Zitronen pressen. Sie führen es dann den anderen Kindern vor, die es erraten müssen.
Ermuntern Sie die Kinder, Fragen zu stellen, z.B. „Schält ihr einen Apfel?" oder Vermutungen zu formulieren, z.B. „Ich glaube, dass ... – glaubt ihr das auch?".

Wer errät, was gemeint ist?

AUF, UNTER, ZWISCHEN, ÜBER, UM ... HERUM

 Verhältniswörter verwenden

Material: drei Tortenböden, drei Dosen verschiedenes Obst, Vanillepudding, Sprühsahne, Teller und Besteck

Wir machen eine Torte! Was kommt unter den Tortenboden? Was kommt auf den Boden?

1. **zwischen** zwei Böden kommt Creme
2. **unter** den ersten Boden kommt die Tortenplatte
3. **neben** den Pfirsich legen wir ein paar Kirschen
4. **auf** die Mittelerdbeeren kommt Sahne
5. **um** den Rand **herum** streichen wir Sahne
6. **über** das Obst gießen wir Tortenguss

 Mehr Spiele zu Verhältniswörtern finden Sie in Kapitel 8.

Was ich schon kann

 Einzeln vor der Gruppe, im Kreis oder mit Partner erzählen

Wer von euch kann auch etwas zubereiten? Vielleicht einen Salat, Nudeln, Reis, Kaffee? Erzählt ihr uns, was ihr dabei tut?
Was braucht ihr? Was macht ihr damit?

Wenn sie möchten, gestalten die Kinder ihre Gerichte als Bild, als Collage ...

Wie kocht man euer Lieblingsgericht?

 Diskutieren und Vereinbarungen treffen.

Material: Knete oder ausgeschnittene Früchte und Gemüse, evtl. echte Zutaten

Wir bereiten gemeinsam ein Lieblingsgericht zu. Auf welches wollt ihr euch einigen?
Was brauchen wir?
Wie bereiten wir es zu?

 Je nach Aufwand

· bereiten wir es tatsächlich zu oder
· bitten die Eltern, es mitzubringen oder
· spielen es im Rollenspiel.

Unser Rezeptbuch

 Anweisungen ausdrücken, gemeinsam einen Text verfassen

In der Gruppe sammeln wir ein oder mehrere Rezepte, die die Kinder diktieren – als Anweisungen: Nimm ..., rühre ..., usw. Sie werden schön aufgeschrieben und zum Nachkochen vervielfältigt, damit sie stolz nach Hause gebracht werden können.

Zwiebelsätze und Zungenbrecher

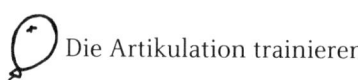 Die Artikulation trainieren

Wer kann das am besten aussprechen?

Zehn Zahnärzte zählen zweiundzwanzig Zwiebeln.
Zwei zornige Zebras zucken und zeigen die Zähne.
Zwischen zwei Zwetschgenzweigen zwitschern zwei Schwalben.

Jetzt machen wir selbst einen Satz! Im Kreis denken wir uns Wörter mit „z" aus, bis ein Satz entsteht.

Fühl die Erbse

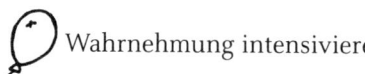 Wahrnehmung intensivieren

Material: ein paar Trockenerbsen, dünne Kissen oder Decken, ersatzweise Küchenpapier oder Taschentücher

Sie legen über eine Erbse nach und nach Lagen von Kissen oder Küchenpapier. Wer fühlt noch die Erbse? Derjenige, der bei den meisten Lagen noch die Erbse findet, ist Erbsenprinz oder -prinzessin.

Die Prinzessin auf der Erbse

 Märchen als Mitspielgeschichte umsetzen

Es war einmal ein Prinz. Er wollte unbedingt eine echte Prinzessin heiraten. Doch er konnte keine finden. Darüber wurde er sehr traurig.

Kinder, welches Gesicht macht der Prinz?

Eines Abends gab es ein schreckliches Gewitter.

Wollt ihr den Regen und das Gewitter machen?

Es blitzte und donnerte, und der Regen strömte. Es klopfte am Schlosstor, und der König öffnete. Draußen stand eine Prinzessin – doch wie sah sie aus! Das Wasser lief an den Haaren und Kleidern herunter. Es lief vorne in die Schuhe hinein und hinten hinaus.

Was sagte die Prinzessin, was meint ihr?

Sie sagte: „Ich bin eine richtige Prinzessin auf der Reise. Darf ich heute Nacht hier schlafen?"

Und was sagte wohl der König?

Der König sagte „Ja!"

Die Königin dachte sich eine Probe aus. Sie legte auf das Bett zuerst eine Erbse. Dann legte sie zwanzig Matratzen auf das Bett, und zwanzig Decken! Dort sollte die Prinzessin schlafen.

Was machte die Prinzessin? Zeigt das einmal!

Am Morgen fragten sie: „Wie war die Nacht?"

Was glaubt ihr, wie hat die Prinzessin geschlafen?

„Schrecklich!", antwortete die Prinzessin, „weil ich auf etwas Hartem gelegen habe und überall grün und blau bin!"
Da konnte man sehen, dass sie eine echte Prinzessin war. Durch zwanzig Matratzen und Decken hatte sie die Erbse gefühlt! So feinfühlig konnte nur eine echte Prinzessin sein.

Der Prinz heiratete die Prinzessin, und die Erbse kam ins Museum.

Und was machten der Prinz und die Prinzessin dann?

Wie war's?

Kinderdokumentation

 Die Kinder tauschen ihre Eindrücke aus.

Als Einstieg oder zum Abschluss kann die Kopiervorlage „Kinderdokumentation – unser Ballonbild" dienen. Dort halten die Kinder fest, was sie am wichtigsten oder schönsten in dieser Einheit fanden.

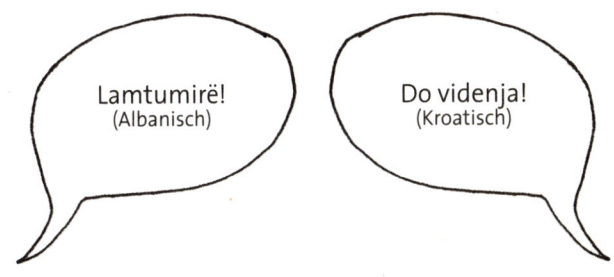

Lamtumirë!
(Albanisch)

Do videnja!
(Kroatisch)

Dokumentation

 Ihre Beobachtungen

Apfel, Kartoffel und Tomaten –
und was daraus werden kann

Die Teile an den Schnittlinien ausschneiden und damit spielen (aus gestalterischen Gründen konnten nicht überall Scheren-Symbole angebracht werden). Die leere Form kann für eigene Ideen und Illustrationen bzw. Ausschnitte aus Zeitungen genutzt werden.

© Spiel mit Deutsch: Was wächst hier?, Verlag Herder: Freiburg Basel Wien 2006
ISBN-13: 978-3-451-28927-9; ISBN-10: 3-451-28927-X

Aromakarten: Artikel erschnuppern

Die runden Felder mit Düften zum Bild bzw. mit anderen Düften markieren, die denselben Begleiter (Artikel) haben.

© Spiel mit Deutsch: Was wächst hier?, Verlag Herder: Freiburg Basel Wien 2006
ISBN-13: 978-3-451-28927-9; ISBN-10: 3-451-28927-X

7 Frei wie ein Vogel

Hintergründe

Über eine kleine Ente und einen weißen Schwan

○ Warum sagen wir eigentlich EINE KLEINE ENTE
ⅰ und nicht EINE KLEINE SCHWAN? SCHWAN trägt
DER, und das wirkt offensichtlich auch auf das Wort,
mit dem ich ihn beschreibe. Wirklich etwas knifflig
verhalten sich diese Eigenschaftswörter! Manchmal
geben sie sich stark, manchmal schwach. In der starken Version enden sie wie die Artikel, in der schwa-
chen Version enden sie immer auf –E oder –EN.

Beispiele für die starke Version sind:

> Hier sind ein selten**er** Storch, eine gewöhnlich**e**
> Lerche, ein gesprenkelt**es** Vogelei und viele grau**e**
> Federn.

> Wir sehen ein**en** bunt**en** Specht, eine fröhlich**e**
> Amsel, ein klein**es** Rotkehlchen und viele frech**e**
> Spatzen.

> Hier riecht's nach herbstlich**em** Wald, frisch**er** Luft,
> feucht**em** Laub und giftig**en** Pilzen.

> Diese Kombination knusprig**en** Kekses, herb**er**
> Schokolade, leichten Mandelaromas und geröste-
> t**er** Nüsse ist sehr lecker.

Genitivkonstruktionen wie in diesem letzte Satz sind
nicht sehr häufig und wirken daher oft etwas unge-
wöhnlich.

Wer sich für Grammatik interessiert, hat vielleicht
bemerkt, dass die Sätze sich an den vier Fällen im
Deutschen orientieren, in der Reihenfolge ihrer
Häufigkeit: Nominativ/wer-Fall, Akkusativ/wen-Fall,
Dativ/wem-Fall und Genitiv/wessen-Fall.

Das Eigenschaftswort verweist auf das grammatikalische Geschlecht – männlich, weiblich oder sächlich –
des beschriebenen Wortes und auf den Fall. Dabei verändert es sein Ende ständig.[1]

Weniger veränderlich ist dagegen die schwache Version. Hier enden die Adjektive auf –e oder –en, und ein

bestimmter Artikel (zum Beispiel der, den) steht bei
ihnen:

> Der dick**e** Kuckuck, die elegant**e** Möwe und das
> noch unbeholfen**e** Pinguinjunge sind sehr ver-
> schieden.

> Ich kenne schon **den** schnell**en** Falken, **die** kleine
> Meise und **das** dick**e** Rotkehlchen, die hier in der
> Nähe leben.
> Naturschutzgebiete helfen **dem** selten**en** Storch,
> **der** geschützt**en** Amsel, **dem** hässlich**en** Entlein.

> Die Nester **des** schwarz**en** Storches, **der** dick**en**
> Amsel und **des** hässlich**en** Entleins haben sehr
> unterschiedliche Formen.

Weil wir beim normalen und schnellen Sprechen diese
Endungen oft nicht deutlich aussprechen, ist es
besonders schwer, sie gut zu lernen. Deshalb sind ein
paar Spiele um Adjektive eine gute Möglichkeit, die
Aufmerksamkeit auf die Enden dieser wichtigen Wörter zu lenken und genau hinzuhören und sie genau
auszusprechen.

Viele Fragen

Das zweite Sprachlupenthema in diesem Kapitel sind
Fragen. Zwei große Gruppen unterscheidet die deutsche Grammatik:

> 1: „W"-Fragen
> Wo wohnst du?
> Wie heißt du?

und viele mehr. Auf sie sind viele Antworten möglich:
Hamburg, Paul, Anna und so weiter. Sie beginnen mit
einem W-Wort oder einem Fragewort wie WARUM,
WOHER, WIE ...

> 2: Entscheidungsfragen
> Haben Sie einen Führerschein?
> Mögen Sie Schnittlauch?
> Nimmst du Nudeln oder Reis?

Auf sie sind nur wenige Antworten möglich, meist JA
oder NEIN, oder wie bei der letzten, hauptsächlich eine
der beiden angebotenen Alternativen NUDELN oder
REIS. Bei Entscheidungsfragen steht das Verb am
Anfang[2].

---

[1] Farbwörter verhalten sich hier wie Adjektive und werden stark oder
schwach gebeugt:
„Ein großer, blauer Vogel frisst einen kleinen, roten Wurm." Will man
sie jedoch steigern, sind sie von Adjektiven sehr verschieden – während
„größer" und „ kleiner" korrekt sind, sind „blauer (als)" oder „am rotes-
ten" ungrammatikalisch. Adjektive und Farbwörter verhalten sich also
unter einigen Aspekten gleich, unter anderen nicht.

[2] Viele Linguisten meinen, das Verb steht hier an zweiter Position und
die erste bleibt leer.

Die Sprachen der Vögel

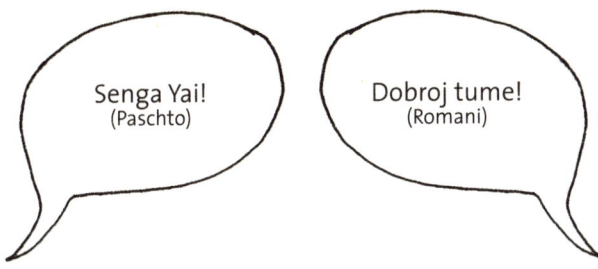

Senga Yai!
(Paschto)

Dobroj tume!
(Romani)

Vogelspaziergang

 Zuhören

Bei einem Spaziergang hören die Kinder den Vögeln zu:
Wie viele Vögel hört ihr? Welche?
Könnt ihr sie entdecken?

Vogelkonzert

 Die eigene Stimme wahrnehmen

Könnt ihr die Vögel nachahmen?
Könnt ihr eure Stimme auch so verändern?
Was könnt ihr mit eurer Stimme machen?
Laut – leise, hell – dunkel, schnell – langsam, trillern...

Geschichten von Adler bis Zaunkönig

Erzählen

Von manchen Vögeln handeln Geschichten, andere sind bekannt dafür, dass sie etwas besonders gut können. Kennt ihr solche Geschichten von Vögeln?

Hier einige Beispiele:

Der Storch bringt Kinder – wirklich? Was bringt die Taube?
Wer hat „Adleraugen"?
Und was wird alles über Gänse erzählt?
Was ist der Unterschied zwischen „Gänsemarsch" und „Entengang"?
Was sind „Kuckuckseier"?
Woher hat der Zaunkönig seinen Namen?

Fragt zu Hause nach, welche Geschichten von Vögeln eure Geschwister, Eltern und Verwandten kennen!

Ratespiel um Tiere

 Familie ins Thema einbeziehen

Denkt euch gemeinsam mit eurer Familie Tiere aus. Welche Laute machen sie?
Beim nächsten Mal wollen wir die Tiere an Hand der Laute erraten.

 Wie Tierlaute nachgeahmt werden, unterscheidet sich von Kultur zu Kultur. Ein dankbares Beispiel ist der Hahn.

Mehr über Vögel erfahren

Schatzgrube Bücherei

Bücher als Quelle von Informationen: Kinder recherchieren

Vorbereitung: Die Kinder sammeln Fragen, die sie in der Bibliothek stellen wollen – z.B. wie man ein Buch ausleiht, was es kostet, wie man Bücher findet und wie sie sich verhalten können. Insgesamt 10–15 Fragen sind wahrscheinlich genug für alle Beteiligten.

Wir besuchen eine Bibliothek: Die Kinder stellen ihre Fragen den Bibliothekaren und lernen die Bücherei kennen. Wenn die Kindertagesstätte einen Leihausweis hat, können die Kinder auch Bücher mitnehmen.

Wie finden wir Bücher über Vögel? Mit Hilfe der Bibliothekare werden Bücher über Vögel gesucht – oder über andere Tiere, wenn die Kinder ein besonderes Interesse zeigen.

 Es lohnt sich, den Besuch durch ein Gespräch mit der Bibliotheksleiterin vorzubereiten.

Vogelkinder

Sprechen in der Gruppe

Wie kommen Vogelkinder auf die Welt? Was ist ihr erstes Zuhause?

Die Kinder suchen Bilder und Texte, die sich um das Nest, Eier, Brüten und schlüpfende Vögel drehen. Dann versuchen alle, die Fragen zu beantworten und zu erklären, wie das Vogelkind aufwächst.

Im Winter

In der Gruppe sprechen

Was machen Vögel im Winter? Bleiben alle hier? Welche Vögel könnt ihr im Winter beobachten?

In der Welt zu Hause – der Storch

Lebewesen kennen lernen, die sowohl am hiesigen Wohnort als auch in anderen Ländern leben; über ein Sachthema sprechen

Kennt ihr einen Vogel, der weit weg fliegt? Der zum Beispiel im Sommer in Europa lebt und im Winter in Afrika?

Der Storch ist so ein reisender Vogel. Habt ihr schon einmal einen Storch gesehen?

In Europa leben hauptsächlich Weißstörche. Sie fliegen jedes Jahr von Europa bis Süd- und Ostafrika und zurück. Für diese Reise brauchen sie zwei bis vier Monate. Ihre Route führt die meisten Weißstörche über die Türkei am Jordan entlang durch Israel, Palästina und Jordanien in den Sudan, nach Tansania oder sogar bis Südafrika. Die Türkei ist dabei ein wichtiger Rastplatz, wo die Tiere Nahrung sammeln und sich ausruhen.

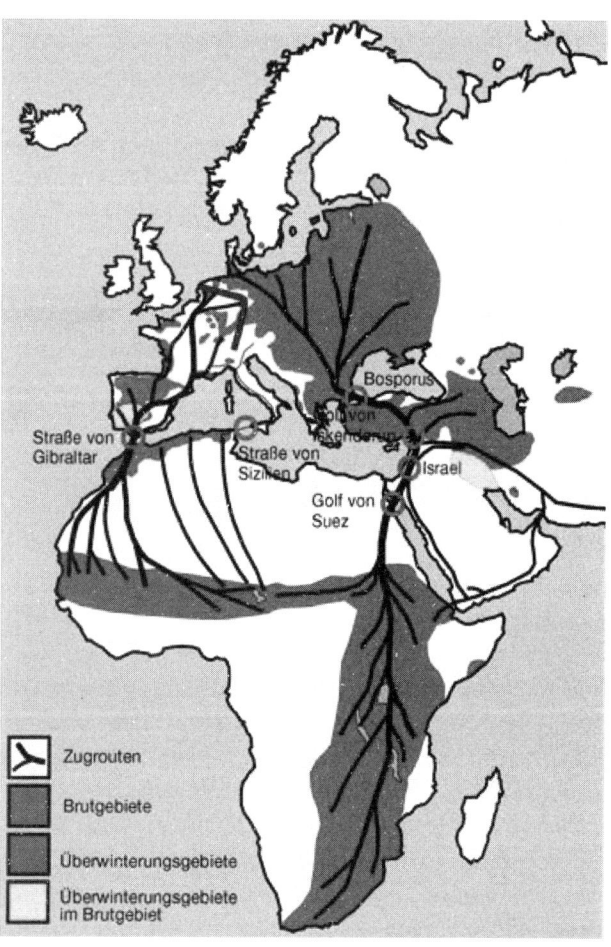

Die Weißstörche, die in Südwestdeutschland den Sommer über leben, nehmen ihren Weg über Spanien und die Sahara in die Sahel-Zone zwischen Senegal und Tschad.
Viele andere Storchenarten leben in Indien, Nordafrika – sogar in China ist der Storch bekannt!

Wie machen wir heute eine solch weite Reise?
Seid ihr schon mal den Störchen nachgeflogen und in Länder gefahren, die er bereist? Kennt ihr eines dieser Länder?

Kommen Kinder aus eurer Gruppe aus Ländern, die der Storch überfliegt? Habt ihr sie gesehen? Gibt es Geschichten von diesen Vögeln?

Falls dieses Kapitel auf den Herbst oder Frühling fällt, können Sie vielleicht die Zugvögel beobachten. Gut passt zu diesem Angebot auch das Märchen „Kalif Storch" aus 1001 Nacht.

Adjektive und ihre Endungen

Was ist denn da?

Auf Adjektiv-Endungen achten

Material: Poster und Bilderbücher, Fotos – alles, was Sie an Bildermaterial finden; möglichst sollten immer wieder Dinge mit DER, DIE und DAS beschrieben werden, also nicht zufällig nur Objekte, die den Begleiter DER tragen

Ein lockeres Gespräch über die mitgebrachten Bilder und Dinge könnten so verlaufen:
Was ist das? – z.B. „ein Pinguin"
Was für ein .... ist das genau? – z.B. „ein dicker, großer Pinguin" etc.

Ratespiel

Adjektive benutzen, auf sie achten

Die Gruppe setzt sich um ein Poster oder ein Buch herum. Ein Kind oder ein Pärchen beschreiben, die anderen raten:

Es ist ein großer, grauer und brauner Vogel mit langen dünnen Beinen – wie heißt er?
Wer sieht ihn?

Natürlich sollten möglichst viele Adjektive verwendet werden – damit das Raten leichter fällt.

Kettenspiel

 Adjektiv-Endungen wahrnehmen

Sie geben einen kurzen Satz vor, aus dem die Kinder eine lange Kette machen. Zum Beispiel:

- *Ein Pinguin fängt einen Fisch.*
- *Ein großer Pinguin frisst einen Fisch.*
- *Ein großer Pinguin frisst einen gelben Fisch.*
- *Ein großer starker Pinguin ...*

Wenn die Kinder es möchten, können sie sich hintereinander stellen, wenn sie ein Wort in den Satz eingefügt haben. So wachsen sie selbst zu einer langen Kette.

Anfänge können sein:
- *Ein Löwe jagt eine Gazelle.*
- *Eine Biene sucht eine Blume.*
- *Ein Zebra überholt eine Gazelle.*
- *Viele Ameisen bauen einen Ameisenbau.*

Fragen über Fragen

Frag mich!

Fragen stellen

Zwei Kinder gehen aus dem Raum und denken sich einen Vogel aus. Dann kommen sie wieder zurück. Die anderen befragen sie, bis sie den zu ratenden Vogel entdeckt haben.

Was macht der Specht?

Fragen und Antworten, Nachschlagen

Material: Würfel, für jedes Kind eine Spielfigur, ein gutes Lexikon oder Bestimmunsbuch.

Mit dem Würfelspiel macht die Gruppe einen ausgedehnten Spaziergang. Das jüngste Kind darf zuerst würfeln und geht so viele Felder vor, wie Augen angezeigt sind. Wenn ein Kind auf ein markiertes Feld kommt, in dessen Nähe ein Tier auf einem Schild ist, darf es eine Frage stellen, z.B.:

Wie heißt der Vogel?
Was frisst er?
Ist er ein Zugvogel oder
bleibt er im Winter?

Alle überlegen, ob sie die Antwort wissen, und wenn nicht, suchen die Kinder die Antworten in den Büchern – mit Ihrer Hilfe.

Wenn Sie das Spiel lieber mit einem Farbenwürfel spielen möchten, dann können die Kinder die Felder abwechselnd mit den Würfelfarben ausmalen.

Die Sprachforscher

Fragen in vielen Sprachen; Wissen in vielen Sprachen vernetzen

Wie sagt man, WIE HEISST DU in anderen Sprachen? Bemerkt ihr Ähnlichkeiten und Unterschiede?

Wann passen Fragen, wann nicht?

Über Situationen nachdenken

Ob eine Frage eine gute Antwort erhält, hängt von vielem ab – zum Beispiel davon, ob sie in einem günstigen Moment gestellt wurde:

Wann kannst du eine Erzieherin gut etwas fragen?
Wann ist ein schlechter Moment zum Fragen?
Woran merkst du das?

Die rasenden Reporter – unser Interview

Sich gute Fragen ausdenken

Material: ein Mikrofon (echt oder zum Spielen), evtl. einen Kassettenrekorder oder einen „Fernseher" aus Pappe

Zuerst können die jungen Sprachforscher sich untereinander interviewen – sie überlegen, was sie gerne vom anderen wissen möchten, z.B. über seinen Sport, sein Lieblingsessen, was er/sie mag oder nicht.

Wenn aus allen geübte Reporter geworden sind, kann ein echter Interviewpartner eingeladen werden. Das kann z.B. ein Elternteil mit einem interessanten Beruf oder Hobby sein, ein Polizist oder Feuerwehrmann, oder die Gruppe geht in ein nahe gelegenes Geschäft und befragt dort den Besitzer.
Richtig professionell ist es, wenn das Interview auf Kassette aufgenommen wird und hinterher Sie und die Kinder das Band abhören und zusammen einen Text schreiben. Der kann ausgehängt, auf der Homepage der Kindertagesstätte oder vielleicht sogar in der Lokalzeitung veröffentlich werden.

Nach der Frage kommt die Antwort

Bahnhof? Mit mir nicht!

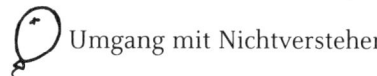 Umgang mit Nichtverstehen

Wir alle haben diese Erfahrung schon gemacht: Die Frage ist mit Mühe formuliert, doch leider bleibt uns die bereitwillig erteilte Antwort ein völliges Rätsel. Was tun?

Bitten um Wiederholung wie „Pardon?", „Wie bitte?" usw. führen oft dazu, dass der Partner das Gleiche wiederholt, lauter und vielleicht noch um einige Synonyme ergänzt („Haus, also Gebäude, weißt du?"). Das Verstehen wird dadurch noch schwieriger. Ein zweites oder gar drittes Nachfragen wird schnell als Unhöflichkeit betrachtet.

Kennt ihr das: Ihr redet mit jemandem und versteht nicht, was er sagt?
Wann habt ihr das erlebt?
Wollt ihr das kurz vorspielen?

Was kann man sagen, wenn man nicht versteht?

Sinnvoller sind folgende Techniken:

Schritt 1: Sagen, dass man nicht versteht!

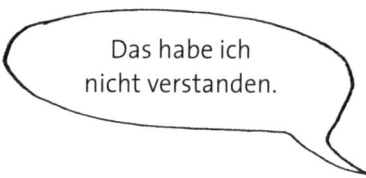
Das habe ich nicht verstanden.

Und dann sofort Schritt 2: Sagen, was man nicht versteht, wenn das möglich ist:

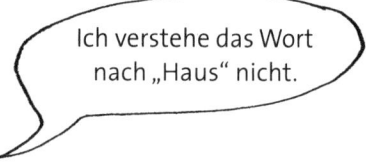
Ich verstehe das Wort nach „Haus" nicht.

Schritt 3: Bitte um Umformulierung:

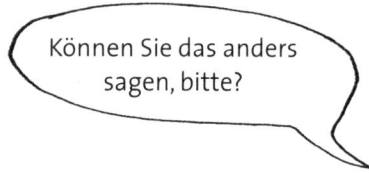
Können Sie das anders sagen, bitte?

Schritt 4: Bitte um Anschaulichkeit:

Können Sie ein Beispiel sagen, bitte?

Können Sie es zeigen, bitte?

Können Sie malen, bitte?

Ein neuer Schluss: Wir nehmen zwei oder drei der vorher vorgespielten Situationen, die mit Nichtverstehen endeten. Wir spielen durch, wie sie mit den vorgestellten Techniken ausgegangen wären.

Wie war's?

Kinderdokumentation

 Die Kinder tauschen ihre Eindrücke aus.

Als Einstieg oder zum Abschluss kann die Kopiervorlage „Kinderdokumentation – unser Ballonbild" dienen. Dort halten die Kinder fest, was sie am wichtigsten oder schönsten in dieser Einheit fanden.

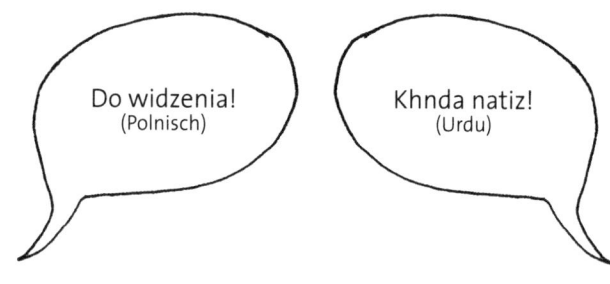
Do widzenia! (Polnisch)

Khnda natiz! (Urdu)

Dokumentation

 Ihre Beobachtungen

Was macht der Specht?

Würfelspiel: Auf den markierten Feldern Fragen zu den Tieren in der Nähe stellen und gemeinsam beantworten (Tiere in der Reihenfolge des Zugweges: Storch als Zugvogel, Specht, Amsel, Spatz, Marienkäfer, Storch und seine Nahrung, Taube, Biene, Elster, Hummel, Regenwurm, Huhn).

© Spiel mit Deutsch: Frei wie ein Vogel, Verlag Herder: Freiburg Basel Wien 2006
ISBN-13: 978-3-451-28927-9; ISBN-10: 3-451-28927-X

8 Im Märchenland

Hintergründe

Wie war das eigentlich bei den Rittern?

Oder – wie ist es gewesen? Im Deutschen verwenden wir zwei Zeiten für die Vergangenheit:

- Das Perfekt (genauer: Präsensperfekt) wie „ist gewesen", „hat gesehen" für Ereignisse, die noch eine Bedeutung in der Gegenwart haben:

  Es hat geregnet. Anna ist krank gewesen.

- Das Präteritum als die Form für wirkliche oder erfundene Ereignisse:

  Der Wolf fraß die Großmutter.

In der gesprochenen Alltagssprache wird immer mehr das Präsensperfekt zum Erzählen vergangener Ereignisse benutzt, oft sind vom ursprünglichen Präteritum nur WAR-WAREN übrig geblieben:

  Gestern **habe** ich einen Mann **gesehen**, der ganz silbern **war**.

Auch bei Präteritum und Perfekt verhalten sich starke und schwache Wörter (Verben) unterschiedlich.
Beim Präteritum schwacher Wörter kommt nur ein T in die Mitte, manchmal mit einem E:

  Heute lache ich, gestern lach**te** ich.
  Heute bade ich, gestern bad**ete** ich.

Starke Wörter verändern dagegen ihre Mitte:

  Heute ge**he** ich manchmal einen Weg, den wir früher oft zusammen g**ing**en.

  Heute s**e**he ich gerne Liebesfilme, früher s**a**h ich am liebsten Pferdegeschichten im Fernsehen.

Erwachsenen Lernern der deutschen Sprache erklärt man mit Hilfe einer Tabelle, wie sich die Verben verändern:

PRÄTERITUM

	schwach	*stark*
ich	lach-t-e	lief
du	lach-t-est	lief-st
er, sie ,es	lach-t-e	lief
wir	lach-t-en	lief-en
ihr	lach-t-et	lief-t
sie	lach-t-en	lief-en

Bei Kindern möchte ich empfehlen, weniger die Regel vorzustellen und zu erklären zu versuchen – das funktioniert schon bei den erwachsenen Lernern nicht immer. Erfolgversprechender ist es, Verben im Präteritum gehäuft anzubieten, zum Beispiel mit vorgelesenen Märchen, und dabei die Aufmerksamkeit auf die Wortmitte und das Wortende zu lenken. Dann entschlüsseln die Kinder selbst den Mechanismus.

Perfekt im Perfekt?

Das Präsensperfekt wie in:

  Ich habe gehabt
  Du hast gelacht.
  Wir sind weit gefahren.

besteht sogar aus zwei Wörtern; einmal SEIN oder HABEN, dann noch ein Partizip wie GELIEBT, GEFAHREN oder GELERNT, das aus GE, dem Wortstamm und T gebildet wird. Starke Verben beanspruchen wieder eine Sonderrolle. So kompliziert wie sich das anhört, müsste es eine sehr ungebräuchliche Zeit sein, doch das Perfekt findet immer mehr Liebhaber bei allen Gelegenheiten. Immerhin bleiben die Partizipien unverändert, und die Formen von HABEN und SEIN sind ohnehin geläufig:

PRÄSENSPERFEKT

	schwach	*stark*
Ich	habe ge-spiel-t	bin gefahren / habe begonnen
Du	hast usw.	bist usw.
Er, sie, es	hat	
Wir		
Ihr		
sie		

Als zusätzlicher Clou gehören HABEN oder SEIN an die zweite Position im Satz, das Partizip aber muss am Ende stehen – das haben die Kinder bald heraus:

> Dornröschen **hat** hundert Jahre lang jeden Tag und jede Nacht **geschlafen**.

Es ist etwa so ähnlich wie bei einem guten Krimi: So bleibt die Spannung erhalten, erst am Schluss erfährt man, worum es eigentlich geht.
Diese Besonderheit ist in vielen Sprachen nicht üblich.

Veränderungen bei den Artikeln: der Akkusativ

In diesem Kapitel geht es aber nicht nur darum, wann etwas geschah, sondern noch um einen weiteren wichtigen Unterschied: Wer wen besiegt, verzaubert ...

Betrachten wir einmal den Satz:

> Der Igel besiegt den Hasen.

Nun, das wissen wir, aber wenn wir das umstellen:

> Den Hasen besiegt der Igel.

so verändert sich nichts am Inhalt.

„Doch!" würden Sprecher vieler Sprachen sagen, jetzt gewinnt der Hase!
Woran erkennen wir, dass immer noch der Igel der Handelnde ist? Genau, am DEN vor HASEN. Es zeigt uns an, dass das Löffelohr hier nicht selbst die Handlung vollzieht, sondern ihre Folgen spürt.
Der Hase ist nicht Subjekt, sondern Objekt, Ziel der Handlung. Das markiert man im Deutschen, indem der Artikel verändert wird: DER wird zu DEN. Anders gesagt: DER steht für den Nominativ, den Fall des Handelnden, DEN steht für den Akkusativ.
Nach dem Nominativ fragt man: WER oder WAS?, nach dem Akkusativ WEN oder WAS?
Merkwürdigerweise markiert man im Deutschen nur den männlichen Artikel im Akkusativ. Das ist natürlich sehr ungerecht, denn es gibt ebenso viele weibliche Subjekte und Objekte wie männliche, aber Fakt.

> Also:
> Der Igel besiegt **den** Hasen oder **einen** Gegner
> die Schnecke
> das Faultier
> die Mücken.

Den Satz DIE SCHNECKE BESIEGT DIE MAUS kann man also nicht beliebig hin und her drehen, sonst weiß niemand mehr, wer eigentlich gewonnen hat. Mit der Satzmelodie kann man hier weitere Informationen geben, die das Verstehen wieder erleichtern.

Bei einer kleinen, aber wichtigen Gruppe von Wörtern bekommt das Akkusativobjekt sogar noch ein N an das Ende, wie bei DEN HASEN. Machen Sie die Kinder darauf aufmerksam, wenn Sie es hören. [1]

Nachfolgend gibt es drei Märchen in unterschiedlichen Textformen: Die beiden Theaterspiele enthalten besonders viele Akkusative, im Vorlesetext begegnet den Kindern das Präteritum.

Bunte Märchenwelt

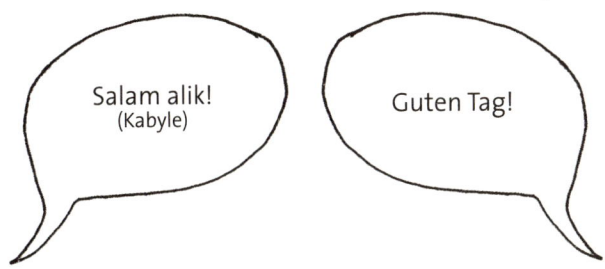

Salam alik! (Kabyle)

Guten Tag!

Ein Puppenspiel: Der Froschkönig

Eine gespielte Geschichte verstehen

Material: Puppen (Prinzessin, Frosch, Prinz), goldene Kugel

> Erste Szene, im Schlossgarten
>
> Die Prinzessin spielt mit einer goldenen Kugel.
>
> Prinzessin: *Oh, wie ist das schön! Ach, jetzt rollt die Kugel in den Brunnen! Schon ist sie weg!* (weint)
>
> Ein Frosch taucht auf.
>
> Frosch: *Ich kann dir die Kugel holen! Was gibst du mir, wenn ich sie dir wiederbringe?*
> Prinzessin: *Ich gebe dir Fliegen, so viel du willst!*
> Frosch: *Das will ich nicht!*
> Prinzessin: *Willst du Gold?*
> Frosch: *Nein, das will ich nicht. Ich will an deinem Tisch essen und in deinem Bett schlafen.*
> Prinzessin: *Was? Du willst an meinem Tisch essen und in meinem Bett schlafen?*
> Frosch: *Ja.*
> Prinzessin: *Na ja, also gut, hole die Kugel!*

---

[1] Die Regel selbst hört sich wirklich sehr absonderlich an, aber sie beschreibt fast alle Fälle: Das zusätzliche „n" im Akkusativ erhalten männliche Lebewesen, die auch ihre Mehrzahl mit –n bilden: den Löwen, den Bären, den Jungen, den Buben, aber: den Mann, den Igel und den Tiger.

Der Frosch taucht und bringt die Kugel, die Prinzessin läuft schnell fort.

Frosch: *Warte auf mich!*
Er kriecht hinterher.

Zweite Szene, im Palast des Königs

Der Frosch klopft dreimal.

Frosch: *Prinzessin, lass mich herein!* (Zweimal)
Prinzessin: *Ich will nicht!* (Zweimal)
Frosch: *Du hast es versprochen!*
Prinzessin: *Na gut, setz dich hier hin.*

Der Frosch und die Prinzessin essen. Er isst so ungezogen, dass es lustig ist. Er schmatzt, wirft alles um ... Der Prinzessin gefällt es allerdings gar nicht.

Frosch: *So, jetzt will ich in deinem Bett schlafen, wie versprochen!* (Zweimal)
Prinzessin: *Nein!* (Zweimal)
Frosch: *Doch!* (Zweimal)

Die Prinzessin wirft den Frosch an die Wand. Er verschwindet und es erscheint ein Prinz.

Prinzessin: *Wer bist du?*
Prinz: *Ich bin ein Prinz und war als Frosch verzaubert. Jetzt bin ich erlöst.*
Prinzessin und Prinz: *Hurra!*
Sie tanzen zusammen.

Nach Brüder Grimm

Das Puppenspiel können die Kinder nachspielen.

• **Fragen zur Geschichte**

 Auf Fragen zum Text antworten

Was ist mit der Kugel passiert?
Wer bietet seine Hilfe an?
Was bietet die Prinzessin als Lohn an?
Was wünscht sich der Frosch?
Was verspricht die Prinzessin?
Was geschieht dann?
Wen wirft die Prinzessin an die Wand?
Wer steht plötzlich vor ihr?
Wie endet das Märchen?
Wie denkst du über die Prinzessin?
Muss man jedes Versprechen halten?

• **Neue Wörter – Poster**

 Wortschatz erweitern

Hier malen die Kinder Bilder für die Wörter, die sie neu gelernt haben und die in der Gruppe besprochen wurden. Zu den Wörtern sollten auch die Symbole für den Artikel gemalt werden. Dabei bietet es sich an
– die neuen Wörter an ihre Inhalte zu binden, zum Beispiel alle Wörter in einem Märchen zusammen zu malen oder
– getrennte Poster für Wörter mit DER, DIE oder DAS zu erstellen.

• **Nachlesen**

Eine komplexere Erzählung im Präteritum verstehen

Lesen Sie jetzt die Geschichte in einer guten Ausgabe der Grimms Märchen vor, mit der Möglichkeit zu Rückfragen. So vorbereitet haben die Kinder eine gute Chance, auch die komplexere Variante des Märchens zu verstehen.

Kindertheater: Hase und Igel

Als Kindertheater oder zum Vorlesen mit verteilten Rollen, wenn zwei Leser helfen

Material: zwei „Ackerfurchen", z.B. mit Kreide auf den Boden gemalt; ein Baum oder etwas Ähnliches, wohinter sich die Igel verstecken können; ein Hasen- und zwei Igelkostüme oder –masken oder entsprechend geschminkte Gesichter; gleiche Kleidung für Igel und Igelin.

Wenn die Kleidung und die Masken/Schminke sehr eindeutig sind, kann jede Rolle mehrmals besetzt werden, so dass alle Kinder an die Reihe kommen. Dann kann es einen Igel-Darsteller für die erste Szene, einen anderen für die zweite geben usf.

Erste Szene: Im Feld

Hase und Igel gehen spazieren.
Igel: *Guten Tag, Herr Hase!*
Hase: *Was tust du hier?*
Igel: *Ich gehe spazieren.*
Hase (lacht ihn aus): *Mit deinen krummen Beinen?*
Igel (böse): *Mit meinen Beinen laufe ich schneller als du!*
Hase: *Dann lass uns um die Wette laufen!*
Igel: *Gut! In einer Stunde geht es los!*

Zweite Szene: Zu Haus bei Familie Igel

Der Igel rennt zur Igelin.
Igel: *Komm schnell, zieh dich genauso an wie ich!*
Igelin: *Warum?*
Igel: *Wir laufen mit dem Hasen um die Wette!*
Igelin: *Er ist viel schneller als wir!*

Igel: *Ich habe eine Idee. Du stellst dich für mich ans Ziel. Wenn der Hase kommt, rufst du: Ich bin schon da!*
Igelin: *Ich stehe am Ziel und tue so, als wäre ich du?*
Igel: *Genau!*

Dritte Szene: Der Wettlauf

Hase und Igel am Start, die Igelin versteckt am Ziel.

Hase: *Bist du bereit?*
Igel: *Ja, und du?*
Hase: *Na dann: Auf die Plätze, fertig, los!*

Der Hase rennt los, der Igel versteckt sich nach wenigen Metern. Die Igelin stellt sich ans Ziel.

Igelin: *Ich bin schon da!*
Hase: *Was?! Rennen wir noch einmal!*
Igelin: *Gut!*

Der Hase rennt los, die Igelin versteckt sich. Als der Hase am Ziel ankommt:

Igel: *Ich bin schon da!*
Hase: *Nein! Wir rennen noch einmal!*

Zweimal „laufen" beide noch um die Wette, dann sinkt der Hase erschöpft zu Boden.

Hase: *Du hast gewonnen! Ich entschuldige mich bei dir. Deine Beine sind schneller als meine!*

Nach Brüder Grimm

• Fragen zur Geschichte

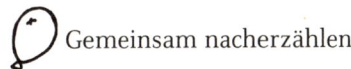 Fragen beantworten

Warum wurde der Igel wütend?
Wen holte sich der Igel zu Hilfe?
Wen sah der Hase am Ziel?
Wen glaubte der Hase zu sehen?

Wie denkst du über den Wettlauf?
War der Igel fair?

• Nachlesen

 Präteritum hören, komplexe Geschichten verstehen

Auch hier lohnt es sich wieder, die Geschichte in „Grimm's Märchen" nachzulesen und Feinheiten zu besprechen.

• In unseren Worten

Gemeinsam nacherzählen

Könnt ihr die Geschichte in euren Worten erzählen? Wer kann beginnen?

Zum Zuhören und Mitreden: Dornröschen

Eine vorgelesene Geschichte verstehen

Vor langer Zeit lebte ein König mit seiner Königin in einem Schloss. Sie wünschten sich sehr ein Kind, doch sie bekamen keines.
Eines Tages bekamen sie endlich eine kleine Tochter. Sie freuten sich sehr und wollten ein großes Fest veranstalten. Sie überlegten, wen sie einladen wollten.
Die Königsfamilie wollte alle Feen des Landes einladen. Doch es waren dreizehn Feen, und sie hatten nur zwölf goldene Teller. Darum luden sie eine Fee nicht ein. Die Fee wurde darüber sehr böse.
Das Fest wurde in aller Pracht gefeiert. Jede Fee wünschte dem Kind etwas Gutes.
Plötzlich kam die böse Fee herein und rief: „Du sollst dich an deinem fünfzehnten Geburtstag an einer Spindel stechen und tot umfallen!" Dann verschwand sie. Die zwölfte Fee sagte: „Den Wunsch kann ich nur mildern: du sollst nur hundert Jahre schlafen."
Die Königstochter wuchs und war schön, gesund und klug, wie es die Feen gewünscht hatten. Als sie fünfzehn Jahre alt war, mussten ihre Eltern einmal weg reiten. Sie schaute in alle Zimmer des Schlosses, und in einem sah sie eine alte Frau an einem Spinnrad. Die Königstochter war neugierig und kam näher. Da fasste sie die Spindel an und stach sich. Sofort schlief sie ein – und mit ihr schlief das ganze Schloss. Die Pferde schliefen im Stall, die Fliege an der Wand schlief, die Diener schnarchten und der Koch, der dem Küchenjungen gerade eine Ohrfeige geben wollte, schlief auch ein.

Hundert Jahre schlief der ganze Hof! Inzwischen wuchs eine riesige Rosenhecke um das Schloss. Nach hundert Jahren kam ein Königssohn des Weges. Der Zauber war vorbei, und so öffneten sich die Rosen. Er ritt in das Schloss und küsste Dornröschen wach. Und weil sie sich so gut gefielen, heirateten sie. Wenn sie nicht gestorben sind, dann leben sie noch heute.

Nach Brüder Grimm

Wart ihr schon einmal bei einer Hochzeit dabei? Wie war das?

Märchen aus aller Welt

Märchen wie diese wurden früher überall erzählt. In Deutschland waren es die Brüder Wilhelm und Jakob Grimm, die diese Märchen gesammelt und aufgeschrieben haben. Dazu sind durch Deutschland und später durch andere europäische Länder gereist. Sie baten die Menschen, ihnen Geschichten zu erzählen.

Welche Märchen kennt ihr noch?

Vielleicht können Sie Eltern aus verschiedenen Ländern ansprechen und sie bitten, ein Märchen zu erzählen?

Wie war es früher?

Damals – heute

Über die Vergangenheit sprechen

Die Kinder und Sie suchen Bücher heraus, die das Leben im Mittelalter beschreiben:

Wie haben die Menschen früher gelebt?
Welche Arbeiten machten sie?
Was aßen sie?
Wie bewegten sie sich von einem Ort zum nächsten?
Welche Berufe von früher gibt es heute noch?

Collage Damals – heute

Verben in Gegenwart und Vergangenheit benutzen

Material: Zeitschriften, Scheren, Kleber, Papier

Die Kinder suchen Bilder, die den Unterschied zwischen früher und heute deutlich machen, z.B.:

Früher	Heute
... ritt man	
	... fliegt man
... lief man	
	... fährt man mit Auto oder Bus
... arbeiteten viele als Bauern	
	... arbeiten viele im Büro am Computer
... gab es Ritter und Burgen	
	... gibt es Ärzte und Krankenhäuser
... konnte viele Kinder nicht lesen	
	... gehen alle Kinder in die Schule

Frag nach!

Über die Vergangenheit sprechen – auch über die eigene

Wie warst du als kleines Kind? Warst du wild, ruhig, gesund, krank?
Was war dein erstes Wort? Was bedeutet es?

Über WEN reden wir?

Märchen-Spiele zum Akkusativ

Aufmerksam werden auf die Frageform WEN und die passenden Artikel

Mit dieser Kopiervorlage haben Sie eine ganze Reihe von Spielmöglichkeiten:

• **Legespiel mit Schlüssel**

Das kann ein guter Einstieg in das Thema sein und andere Spiele vorbereiten, bei denen die Kinder mehr erzählen sollen. Hier bekommt jedes Kind eine Kopiervorlage mit den Karten zum Ausschneiden:

Welche zwei Teile passen zusammen?
Welche Karten gehören zu einem Märchen?
Wie ist die richtige Reihenfolge?

• **Frage-Antwort-Spiel:**

Die Fragekarten werden entweder nach Märchen geordnet oder gemischt auf einen Stapel gelegt, die Antwortkarten werden offen darum verteilt. Die Spielleiterin zieht die Karten und stellt die Fragen. Wer die richtige Antwortkarte findet und die richtige Antwort sagen kann, bekommt einen Punkt:

Wen hat der Hase geärgert? – Den Igel.
Wen hat der Hase am Ziel gesehen? – Die Igelin.
Wer hat den Lauf gewonnen? Igel und Igelin.

Was hat die Prinzessin verloren? – Die goldene Kugel.
Wen bittet sie um Hilfe? – Den Frosch.
Wen hat die Prinzessin an die Wand geworfen? – Den Frosch.

Wer hat Geburtstag? Die kleine Prinzessin.
Wen hat der König nicht eingeladen? Die dreizehnte Fee.
Wen küsst der Prinz? Die schlafende Prinzessin.

Weil es hier auf die richtige Frage und den passenden Artikel ankommt, sind Kurzantworten wie DEN HASEN völlig in Ordnung.

• Memory

Wo liegt das Kartenpaar? Wie heißen Frage und Antwort?

• Erzählspiel

Wer hat zu einem Märchen alle Karten komplett beieinander? Dann lege sie bitte in die richtige Reihenfolge und erzähle uns die Geschichte!

Eine Einladung für einen Ball

Sich der Artikel im Akkusativ bewusst werden

Stellt euch vor, ihr seid ein berühmter Prinz oder eine reiche Prinzessin und dürft auf einen Ball, ein großes Fest, gehen. Was nehmt ihr mit?
Ich nehme einen ... mit.

Das Spiel funktioniert wie „Koffer packen" – jede/r fügt etwas hinzu und es gilt, sich möglichst die ganze Kette an genannten Dingen mit möglichst vielen korrekten Akkusativbegleitern zu merken.

Ich kann zaubern!

Wünsche äußern, dabei den Akkusativ verwenden

VERZAUBERN und VERWANDELN eigenen sich sehr gut für den Akkusativ, weil er mit ihnen gleich zwei Mal vorkommt.

Wenn ihr zaubern könntet – was würdet ihr zaubern?

Geben Sie eines oder mehrere Beispiele vor, wie:
Ich verzaubere den Stuhl in einen Elefanten und reite darauf.

Mit allen Sinnen

Welches Märchen ist das?

 Lauschen und schnuppern

Zu den Märchen können Sie den Kindern folgende Geräusche und Gerüche zum Raten anbieten: *Froschkönig* (Wasser plantschen, Geräusch eines in Wasser fallender Gegenstandes, schmatzen); *Hase und Igel* (Laufgeräusche der Füße, schwerer Atem); *Dornröschen* (Schnarchen in verschiedenen Varianten, Rosenduft).

 Die dazu gehörigen Geräusche können Sie

– im Moment erzeugen, indem Sie sich eine Wasserschüssel, einen Ball und Rosenöl bereit stellen und die Kinder bitten, die Augen zu schließen;
– mit einem Teil der Kinder die Geräusche vorher auf Band aufnehmen und dazu gemeinsam überlegen, welche Geräusche die Kinder als typisch vorschlagen. Dann raten die anderen Kinder.

Stärke zeigen

Mentor werden

 Eine positive Rolle übernehmen

Jetzt haben die Kinder schon viel gelernt – da können sie eine besonders schöne Aufgabe übernehmen. Sie werden Mentoren oder Paten. Das heißt, sie helfen denjenigen Kindern in den Kindertagesstätten, die noch große Schwierigkeiten beim Sprechen haben. Vielleicht weil sie erst vor kurzen nach Deutschland gekommen sind oder weil sie noch sehr jung oder schüchtern sind. Vielleicht sind das Kinder mit der gleichen Familiensprache, aber nicht unbedingt.
Die Mentoren wechseln so vollständig ihre Rolle – von jemandem, der „nicht gut Deutsch spricht" zu jemandem, der anderen hilft. Auch für die Kindertagesstätte und die Gruppe ist das ein wichtiges Signal, und natürlich für die Mentoren selbst: Wer vor einem Jahr noch Mühe mit der Sprache hatte, kann jetzt anderen helfen.
Eine Vereinbarung der Mentorenschaft kann nur in guter Abstimmung mit den ErzieherInnen gelingen. Es bedeutet, dass sie dem Mentor mit Vertrauen begegnen, ihm oder ihr zuhören und zutrauen, mitzureden und ihn oder sie nach Kräften unterstützen.

Die Mentorin/der Mentor kann
- neuen Kindern helfen, ihre Bedürfnisse zu äußern
- erklären, wie Dinge in der Einrichtung heißen,
- in schwierigen Situationen ein Ansprechpartner sein, ein Kinderbotschafter,
- anderen Kindern erklären, wann sie geduldig und tolerant sein müssen, wenn jemand die deutsche Sprache noch nicht so gut beherrscht.

Mit den Erzieherinnen können Sie absprechen, ob die Mentorin/der Mentor vor allem ein bestimmtes Kind unterstützt oder ob er/sie ihre/seine Funktion insgesamt in der Gruppe ausüben soll.

Wie war's?

Kinderdokumentation

 Die Kinder tauschen ihre Eindrücke aus.

Als Einstieg oder zum Abschluss kann die Kopiervorlage „Kinderdokumentation – unser Ballonbild" dienen. Dort halten die Kinder fest, was sie am wichtigsten oder schönsten in dieser Einheit fanden.

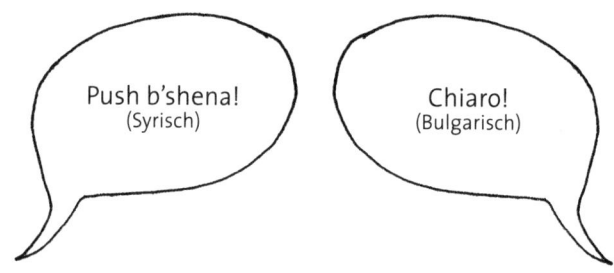

Push b'shena!
(Syrisch)

Chiaro!
(Bulgarisch)

Dokumentation

 Ihre Beobachtungen

Märchen-Spiele zum Akkusativ

Hier sind verschiedene Spielformen möglich (siehe Kommentartext S. 74 f.).

© Spiel mit Deutsch: Im Märchenland, Verlag Herder: Freiburg Basel Wien 2006
ISBN-13: 978-3-451-28927-9; ISBN-10: 3-451-28927-X

9 Im Straßenverkehr

Hintergründe

Noch mehr Veränderungen bei den Artikeln: der Dativ

ℹ Wenn wir zum Beispiel sagen wollen: „Ich schenke dem Kind einen Hund", dann ist es natürlich sehr wichtig klar zu sagen,
– wem man etwas schenkt und
– was man schenkt.

Schließlich soll nicht etwa der Hund ein Kind geschenkt bekommen! Damit möglichst wenige Missverständnisse an dieser Stelle auftauchen, werden der Empfänger oder die Empfängerin im Deutschen besonders markiert. Wir sagen

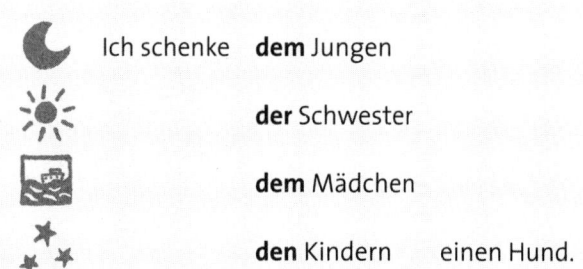

Ich schenke **dem** Jungen

der Schwester

dem Mädchen

den Kindern   einen Hund.

Je nach Geschlecht bzw. Anzahl – ob männlich wie der Mond, weiblich wie die Sonne, sächlich wie das Meer oder Plural wie die Sterne, verändern wir die Artikel. Im Plural setzen wir sogar noch ein N an das Ende. Manchmal geschieht das auch in der männlichen Einzahl wie bei DEM JUNGEN – das kennen Sie schon aus dem vorherigen Kapitel. Es ist die gleiche Gruppe, die auch im Akkusativ ein „-n" in der Einzahl bekommt.

Die Artikel verändern wir so:

	Nominativ	Dativ
🌙	der	dem
☀	die	der
🖼	das	dem
✦✦	die	den -n.

Etwas verwirrend ist es natürlich, wenn es heißt:

Er gibt der Schwester ein Buch.

wo es doch an sich DIE SCHWESTER heißt ... genau deshalb wird klar, dass sie etwas empfängt oder eine andere besondere Situation vorliegt. Allerdings erschließt sich dieser Sachverhalt nur dem, der alle Artikel beherrscht; daher ist es so wichtig, sie mit zu lernen.

Diese Tätigkeiten treten oft zusammen mit dem Dativ auf:

* Verben des Gebens und Zeigens im weiteren Sinne wie „jemandem etwas geben, zeigen, nachweisen, vorsingen",
* Verben des Nehmens wie „jemandem etwas nehmen, stehlen, verweigern",
* Verben des Mitteilens und Versprechens wie „jemandem etwas erzählen, anvertrauen, erlauben, versprechen",
* Verben des Verheimlichens wie „jemandem etwas verschweigen, verheimlichen, unterschlagen",
* und andere Verben wie „jemandem etwas glauben, abgewöhnen, ansehen, schulden".[1]

Dative kommen auch vor in Verwendungen wie:

Das Bild gefällt **dem Papa** sehr.
Das Wasser schadet **der Hose** nicht.
Der Lutscher gehört **meinem Bruder**.
Der Zahn tut **meiner Schwester** weh!
Der Doktor verband **meinem Bruder** das Knie.
Dem Buben war das Eis zu süß.[2]

und zusammen mit den Wörtern „aus, außer, bei, gegenüber mit, nach, seit von, zu". Mit diesen Wörtern werden wir uns eingehend im Kapitel 10 befassen, aber sie hier schon ab und zu verwenden.

---
[1] Siehe dazu: Duden Grammatik 2005, S. 400 f., „Verben mit Akkusativ- und Dativobjekt"
[2] Siehe dazu: Duden Grammatik 2005, S. 825 ff., „Nominalphrasen im Dativ"

Sicher im Straßenverkehr

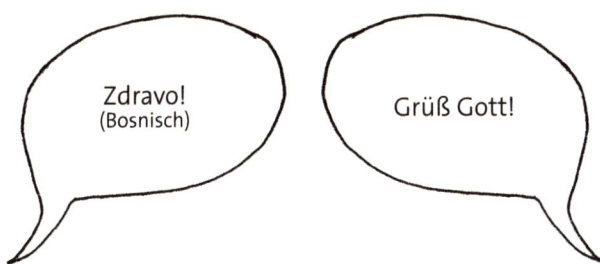

Zdravo!
(Bosnisch)

Grüß Gott!

Was trägst du im Straßenverkehr?

Gespräch und Ratespiel um sichere Kleidung

Material: Auswahl an diversen Fahrradhelmen, Knieschützern, Ellenbogenschützern, Handschützern, evtl. Skaterhelmen, Kinder-Autositze, Schulanfängerkappen, helle Jacken mit Reflexstreifen

Womit
– fährst du Fahrrad?
– rollst du auf Inlinern?
– gehst du zu Fuß?
– fährst du im Auto?
– fährst du Skateboard?

Wofür ist es wichtig, richtig angezogen zu sein?

Zwei oder drei Kinder zusammen überlegen sich ein Verkehrsmittel. Dann ziehen sie ein Kind entsprechend an: Mit welchem Verkehrsmittel wollen sich die Kinder bewegen? Haben sie an alles gedacht?

Laut und leise

Lärm wahrnehmen und thematisieren

Bei einem Spaziergang können Verkehrsgeräusche unmittelbar erfahren und bewusst gemacht werden.

Welche Verkehrsmittel sind leise?
Welche machen etwas, welche machen viel Lärm?
Was ist für euch angenehm?
Wo erlebt ihr Verkehrslärm?

Mit dem Fahrrad

Text verstehen und Fragen beantworten

Petra hat von ihrer Oma ein neues Fahrrad und einen schicken Helm geschenkt bekommen. Damit fährt sie auf dem Bürgersteig, so wie es Vorschrift für Kinder ohne Fahrradprüfung ist. Sie passt dabei sehr gut auf, dass sie niemanden umfährt. Da vorne kommt langsam eine alte Dame mit Stock den Weg entlang. Sie scheint schlecht zu sehen, denn sie geht sehr unsicher. Petra hält an und wartet, bis die alte Dame vorbei gegangen ist. „Danke, das ist sehr nett von dir", bedankt sich die Dame. Manchmal klingelt Petra, wenn sie an Fußgängern vorbei möchte, aber nur kurz.
Besonders vorsichtig ist Petra bei den Ein- und Ausfahrten. Manchmal fahren Autos schnell heraus – deshalb bremst sie und schaut erst, ob der Weg frei ist. Dann fährt sie weiter.
Und wisst ihr, was Petra richtig wütend macht? Wenn Autos die Bürgersteige zuparken.
Aber jetzt ist alles frei, und sie kommt gut zu Hause an.

Womit fährt Petra?
Von wem hat sie das Fahrrad?
Wem begegnet sie?
Was macht sie bei Einfahrten?
Was ärgert Petra?

Also, so war das ...

Gemeinsam nacherzählen, selbst formulieren

Könnt ihr die Geschichte in euren Worten erzählen? Wie war das mit Petra?
Wie fängt die Geschichte an?

Das Fahrrad

Wortschatz erweitern

Material: Ein Sachbuch, in dem ein verkehrstaugliches Kinderfahrrad für 6–8jährige Kinder zu sehen ist.

Woraus besteht ein Fahrrad?
Wie heißen die Teile?

Hab ich doch das Wort vergessen – was tun?

 Umgang mit Ausdrucksnot verbessern

Was macht ihr, wenn ihr ein Wort nicht wisst?
Was macht ihr, wenn ihr etwas kaufen wollt, aber den Namen nicht kennt?

Zwei gute Möglichkeiten sind Umschreiben und noch einmal anders sagen, was man möchte.
Zum Beispiel:

Euch fehlt das Wort „Fahrradschlauch". Weil euer Rad kaputt ist, wollt ihr einen neuen Schlauch kaufen.

Ihr umschreibt es: „Ich suche ein langes, schwarzes rundes Ding aus Gummi für mein Vorderrad. Den genauen Namen weiß ich nicht."

Ihr sagt es anders: „Mein Reifen ist platt. Können Sie mir helfen, bitte?"

Spielideen: Zwei Kinder umschreiben einen Gegenstand. Die anderen haben zehn Fragen, um den Gegenstand zu erraten. Schaffen sie es, oder gewinnen die beiden Beschreiber? Der Name des gesuchten Gegenstandes darf nicht genannt werden. Natürlich sollen alle Kinder möglichst genau umschreiben und nicht möglichst ungenau, um zu gewinnen.

Es anders sagen: Das üben die Kinder am besten im Alltag. Nutzen Sie Situationen, in denen Sie und die Kinder sich nicht verstehen und regen Sie an, es noch einmal anders, mit anderen Worten zu sagen. Das ist sehr schwierig! Deshalb loben Sie die Kinder auch bei geringfügigen Veränderungen.

Eine Stadt für uns Kinder

Unser Kinderstadtplan

 Wege mit den Füßen erfahren, darüber sprechen und sie aufzeichnen

Was ist euch in diesem Viertel besonders wichtig?
Spielplätze, Treffpunkte, besondere Geschäfte sein, weil ihr euch dort gerne aufhaltet?
Telefonzellen, Polizeidienststellen, Restaurants, Geschäfte, weil ihr dort telefonieren und um Hilfe bitten könnt?
Welche befahrenen Straßen, Kreuzungen, Gefahrenstelle gibt es, wo ihr besonders vorsichtig sein müsst?

Ausgehend von einem markanten Punkt – zum Beispiel dem Rathaus, einem Platz, der Schule oder der Kindertagesstätte gehen die Kinder mit zwei bis drei Begleitpersonen die nähere Umgebung ab:

Was möchten sie in den Kinderstadtplan aufnehmen?

Eine Begleitperson skizziert den Stadtplan unterwegs. Anschließend zeichnen die Kinder mit Hilfe der Skizze den Kinderstadtplan gemeinsam:

Gibt es Gefahrenstellen, die unbedingt geändert werden müssten?

Auch sie werden während des Spazierganges notiert.

Einen Brief an den Bürgermeister

 Die eigene Sprache als wichtig erleben – etwas zu sagen haben

Was ist euch bei unserem Gang durch den Ort besonders aufgefallen? Was sollte unbedingt geändert werden? Hat euch etwas geärgert?

Wird in einer verkehrsberuhigten Straße oft zu schnell gefahren, werden Straßen gefährlich zugeparkt, dann kann die gefährliche Situation durch vermehrte Kontrollen schnell behoben werden. Sind Ampelphasen für Kinder zu kurz, lässt sich das einstellen. Manchmal reicht es aus, eine Hecke zu beschneiden, um eine Kreuzung übersichtlicher und sicherer zu gestalten. Fehlende Ampeln oder Zebrastreifen zu realisieren, dauert lange; doch es ist wichtig, dass Kinder auf ihre Bedürfnisse aufmerksam machen.

All das formulieren die Kinder und Sie zu einem konstruktiven und klaren Brief. Besonders wichtig sind dabei AnsprechpartnerInnen für Nachfragen mit Telefonnummer, eine klare Beschreibung des Missstandes und des Ortes mit Straßennamen, eventuell Fotos.
Ein gutes Gelingen! Hoffentlich kommt bald eine Antwort.

Es hat gekracht!

 Auf den Dativ aufmerksam machen, eine Geschichte verstehen

Vor einer Woche ist direkt vor unserem Haus ein Unfall passiert! Ein Junge wollte die Straße überqueren. Wahrscheinlich hat er nicht richtig nach links und rechts geschaut. Auf einmal hörte ich lautes Quietschen von Bremsen und sah ein rotes Auto auf das Kind zufahren. Der Junge lief schnell weiter und zum Glück ist ihm nichts passiert. Doch das rote Auto hatte so stark gebremst, dass der Fahrer hinter ihm nicht mehr rechtzeitig halten konnte. Es schepperte und krachte, als ein blauer kleiner Wagen in das rote Auto hineinrutschte. Der Junge stand direkt vor unserer Tür und war sehr verwirrt. Ich wollte ihm helfen und ging zu ihm. „Wir rufen deine Mutter an", schlug ich dem Jungen vor. „Tut dem Kind etwas weh?", rief mir ein Autofahrer zu. „Dem Jungen geht es gut", rief ich zurück. Da hörten wir schon die Sirene der Polizei. Gleich darauf hielt das Polizeiauto. Zwei Polizisten stiegen aus.
„Wem gehören die Autos?", fragten sie. Und: „Ist jemand verletzt?"
Mit dem ängstlichen Jungen ging ich zu den Polizisten. Er erzählte den Beamten seine Geschichte, und sie hörten ihm genau zu. Dann berichteten die Autofahrer, was sie erlebt hatten.
Die Polizisten klopften dem Jungen freundlich auf die Schulter. Er musste ihnen versprechen, in Zukunft viel besser aufzupassen. Dann riefen sie seine Mutter an und brachten ihn zu ihr nach Hause. Ich glaube, alle waren sehr froh, dass er nicht verletzt wurde.
Die beiden Autofahrer füllten ein Formular für ihre Versicherung aus. Dann fuhren sie weg, und alles sah wieder so aus wie vorher. Nur ein paar Scherben erinnern noch an den Unfall.

Was ist passiert?
Welche Menschen waren dabei?
Wie viele Autos waren an dem Unfall beteiligt?
Wer kam nach kurzer Zeit?
Wurde der Junge verletzt?

Habt ihr schon einmal einen Unfall gesehen oder erlebt?
Wie war das?
Wie geht ihr richtig über die Straße?

Spiele und Aktionen zum Dativ

Eines passt nicht

 Auf „außer" und die folgenden Wörter hören

Findest du es heraus?

Auf „außer" folgt der Dativ.

Material: eine breite Auswahl an Dingen (echte Gegenstände, Spielzeug oder Abbildungen, zum Beispiel Memory-Kärtchen).

Vorbereitung: Sie legen Gegenstände so in Vierergruppen zusammen, dass jeweils drei eine Gemeinsamkeit haben.

Vierergruppen könnten sein: Auto, Fahrrad, Roller, Kinderwagen – Knieschützer, Ellenbogenschützer, Helm, Schwimmbrille – Zug, Schiff, Auto, Roller – drei Abbildungen von Verkehrsschildern, ein bunter Aufkleber – ein roter, ampelgelber und grüner Punkt, ein Punkt in einer weiteren Farbe – Stadtplan, Landkarte, Autoatlas, Telefonbuch

Alle außer einem Gegenstand haben etwas gemeinsam. Findet ihr es heraus?

Wohin bringst du mich?

 Wege beschreiben

Material: Elemente aus der Bewegungsbaustelle oder Stühle, Decken, Kartons

Ein Kind schließt die Augen, ein anderes führt es einen Weg entlang und beschreibt ihn dabei: „Jetzt gehst du über einen gelben Klotz, jetzt gehen wir an einer blauen Rolle entlang ...". Am Ende des Weges öffnet das zweite Kind seine Augen. Kann es alle Stationen des Weges beschreiben? Dann gibt es einen Punkt. Jetzt ist das nächste Paar an der Reihe.

Variante: Ein Kind beschreibt einen Weg. Wo kommt es an? Wer das Ziel richtig sagt, bekommt einen Punkt. Diese Variante kann zuerst nur mit Wegen in der Einrichtung gespielt werden und dann auf Ziele in der näheren Umgebung ausgedehnt werden.

So muss ich gehen – eine Wegbeschreibung

 Eine Strecke ablaufen und dann beschreiben

Zusammen gehen Sie mit den Kindern einen Weg ab, zum Beispiel den Schulweg. Anschließend beschreiben die Kinder, wie sie gelaufen sind und was ihnen dabei aufgefallen ist.

Eltern im Verkehr

 Familienerfahrungen thematisieren

Welche Verkehrsmittel benutzen eure Eltern?
Bitte fragt sie und erzählt es uns.

Was siehst du hier?

 Auf den Dativ aufmerksam werden

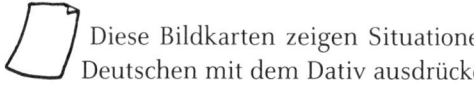 Diese Bildkarten zeigen Situationen, die wir im Deutschen mit dem Dativ ausdrücken:
Eine Oma erzählt **Kindern** eine Geschichte, **einem Kind** ist es zu kalt, ein Kind hilft **einem anderen**, eine Mutter gibt **ihrer Tochter** etwas, ein Vater schenkt **seinem Sohn** einen Ball, ein Kind zeigt **einem anderen** eine Blume, ein Junge führt **einem Mädchen** etwas vor, **einem Mädchen** tut der Bauch weh, **einem Kind** gefällt etwas.

Was seht ihr hier?
Wie sagt man das?
Habt ihr das auch schon erlebt? Wann?

DEM und DER

 Über den Dativ sprechen

Hört einmal genau auf die Artikel.
Es heißt doch: der Mann, die Frau, das Kind, oder?
Gut. Jetzt sage ich:
Ich helfe dem Mann.

Ist das richtig?
Was sage ich vor MANN?
Manchmal wird aus DER also DEM.

Und wenn ich sage: Ich helfe der Frau, was ist da verändert?
Aus DIE FRAU wie in DIE FRAU IST SCHÖN wird DER FRAU in ICH HELFE DER FRAU.

Wie ist das bei dem Kind? Ich sage: ICH HELFE DEM KIND. Ist das richtig?
DAS wie in DAS KIND IST GROSS wird zu DEM wie in ICH HELFE DEM KIND.

Und wenn es viele Kinder sind?
Ich helfe den Kindern!

Wem gehört das?

 Dativ verwenden

Material: Dinge aus der Kindertagesstätte oder der Umgebung, die klar einer Besitzerin oder einem Besitzer zugeordnet werden können – das können Gegenstände für verschiedene Berufe aus der Verkleidungsecke wie Sheriffstern, Polizeimütze, Hexenstab und Feuerwehrhelm oder persönliche Dinge der Kinder wie Schuhe o.ä. sein.
Sollen es persönliche Gegenstände sein, dann können die Kinder gebeten werden, etwas von sich auszuwählen und für das Spiel zur Verfügung zu stellen.

Was ist das? Wem gehört es?

Wie war's?

Kinderdokumentation

 Die Kinder tauschen ihre Eindrücke aus.

 Als Einstieg oder zum Abschluss kann die Kopiervorlage „Kinderdokumentation – unser Ballonbild" dienen. Dort halten die Kinder fest, was sie am wichtigsten oder schönsten in dieser Einheit fanden.

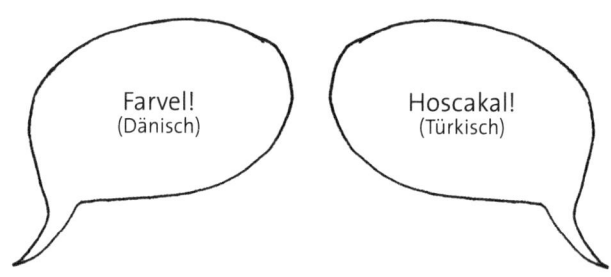

Farvel!
(Dänisch)

Hoscakal!
(Türkisch)

Dokumentation

 Ihre Beobachtungen

Was siehst du hier?

Bitte beschreibt die Bilder.

© Spiel mit Deutsch: Im Straßenverkehr, Verlag Herder: Freiburg Basel Wien 2006
ISBN-13: 978-3-451-28927-9; ISBN-10: 3-451-28927-X

10 Zauberwelt

Hintergründe

Beherrschende Zwerge:
Verhältniswörter oder Präpositionen

ℹ️ Klein und kurz sind sie, unscheinbar, und doch verändern sie den Sinn grundlegend! Selbst wenn man alle anderen Wörter versteht – ohne sie ist nicht klar, was gemeint ist:

Diese unscheinbaren wichtigen Wörter wie MIT, OHNE, AN und AUF heißen Verhältniswörter oder Präpositionen. Der Name „Verhältniswort" kommt daher, dass sie selbst wenig Bedeutung haben, doch bestimmen, wie sich zwei Dinge oder Situationen untereinander verhalten. MIT alleine zum Beispiel hat wenig praktische Bedeutung, doch MIT GOLD oder OHNE GOLD enthält eine wichtige Aussage, jedenfalls einen zentralen Teil davon. Ihr lateinischer Name „Präposition" bezieht sich darauf, dass sie ihre Position oft vor dem Wort finden, dessen Verhältnis sie beschreiben – VOR der Tür, BIS morgen.

Außerdem sind diese wichtigen „Zwerge" sehr bestimmt darin, was sie sich als Nachfolger wünschen: Manche „Zwerge" akzeptieren nur DEN, DIE, DAS oder DIE (Mehrzahl) hinter sich, also den Akkusativ. Andere sind erst zufrieden, wenn DEM, DER, DEM oder DEN (Mehrzahl), also Artikel im Dativ, folgen.
Man kann dazu auch sagen, einige Präpositionen verlangen den Akkusativ, andere verlangen den Dativ.

Wir sagen:

durch DEN Tunnel	aus DEM Tunnel
für DEN Freund	bei DEM Freund
gegen DIE Brücke aber	gegenüber DER Brücke
ohne DEN Vater	mit DEM Vater
um DEN Tisch	zu DEM Tisch
bis nächstE Woche	seit letztER Woche

„Zwerge", die den Akkusativ verlangen

„Zwerge", die den Dativ verlangen

So weit, so klar? Dann machen Sie sich bereit für eine dritte Gruppe von „Zwergen", die etwas wankelmütig ist! Würde man versuchen, ihr Verhalten einem Marsmenschen zu erklären, so würde er das sicherlich als völlig absurd von sich weisen – doch Sprache übertrifft oft jede Fantasie. Diese „Zwerge" verlangen doch tatsächlich den Akkusativ, wenn sie sich bewegen, und den Dativ, wenn sie stehen!

Fili geht an DEN Tisch und Kili steht schon an DEM Tisch.
Dwalin setzt sich hinter EINEN Bierkrug und Balin sitzt schon hinter EINEM Krug.
Bifur stellt sich neben DEN Kühlschrank und Bofur liegt neben DEM Ofen.
Thorin klopft an DIE Tür von Bilbos Haus, den an DER Tür war ein besonderes Zeichen.

Mit einer Frage kann man recht gut herausfinden, was folgen muss:

– Auf „wo?" folgt der Dativ – DEM, DER, DEM und in der Mehrzahl DEN –N,
– auf „wohin?" folgt der Akkusativ, also DEN, DIE, DAS und DIE in der Mehrzahl.

Eine klare und vor allem für die Praxis taugliche Erklärung, warum manche Zwerge (oder Verhältniswörter) DEN und andere DEM bevorzugen und die dritten sich nach „bewegt-still" orientieren, gibt es nicht. Möglicherweise durchschauen die Kinder das System schnell alleine – erwachsene Deutschlerner lernen die Verhältniswörter einfach auswendig.

Ob die Kinder, wenn sie auf Seite 90 die Reime aufsagen können, seinen Sinn gleich in korrekte Sprache umsetzen, bleibt abzuwarten und ist, isoliert betrachtet, nicht wahrscheinlich. Dagegen ist sehr wahrscheinlich, dass die Reime zusammen mit dem Sprechen über Sprache, mit entsprechenden Spielen und Geschichten in diesem Kapitel die Aufmerksamkeit auf dieses Phänomen „Verhältniswörter" richtet, so dass die Kinder es deutlicher wahrnehmen und daher, im Verbund vielfältiger sprachlicher Angebote, bald beherrschen.

Spiele um Verhältniswörter

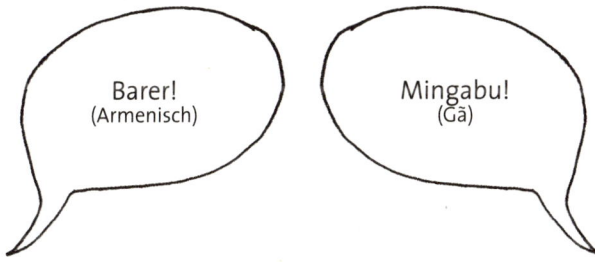

Barer!
(Armenisch)

Mingabu!
(Gã)

Im Zauberwald

 Die Bedeutung von ÜBER, UNTER, AUF, NEBEN, ZWISCHEN, VOR, HINTER, ENTLANG, HERUNTER, HERUM, HINAUF erfahren

Material: Tische, Stühle, vielleicht Kisten und Elemente aus einer Bewegungsbaustelle und viel Platz; wenn Zeit zur Vorbereitung bleibt, etwas Zauberwalddekoration, zum Beispiel grüne Krepppapierstreifen oder Lametta, Zaubersteine – z. B. Murmeln.

Wörter wie HINUNTER, HERAUF und HERUM sind sehr nützlich für die Beschreibung von Richtungen. Für die Fachfrau und den Fachmann sind sie keine Präpositionen, sondern Lokaladverbien.

Alle spielen „Mio im Raum", klettern der Geschichte entsprechend hoch und hinunter ...

Lustig läuft die Katze Mio **durch** den Zauberwald. Jetzt bleibt sie stehen: Sie hört einen Elf **auf** einem Baum. Sofort klettert Mio **auf** den Baum. Da fliegt der Elf sofort weiter. Mio klettert wieder **herunter**. **Zwischen** zwei Büschen legt sie sich in die Sonne. Als sie sich genug ausgeruht hat, steht sie auf und läuft **um** die Büsche herum. Sie setzt sich **hinter** den Busch und findet einen Zauberstein! Sie nimmt ihn **in** die Hand. Dann krabbelt Mio **durch** den Busch hindurch und läuft **um** eine Wiese herum. Sie legt sich **neben** einen Baum. Da hört sie ein lautes Geräusch! Schnell huscht sie **unter** einen Strauch. Da wartet sie. Alles ist in Ordnung. Sie streckt sich und geht die Wiese **entlang** – und setzt sich **auf** einen Stuhl.

Kaspar geht zum Zauberer

Präpositionen verwenden

Puppenspiel

Kaspars Mutter bittet ihren Sohn:

Bitte geh zum Zauberer und frage ihn um Rat! Hör genau zu, was ich dir sage:
Vor einem Jahr kam ein großer schwarzer Mann zu mir. Er war sehr gut gekleidet und sah reich, aber müde aus. Er sagte: „Ich bin auf Reisen. Kann ich eine Nacht bei Ihnen schlafen, bevor ich weiter reise?" Ich sagte ja und gab ihm zu Essen und ein Bett.
Am nächsten Tag gab er mir ein goldenes Kästchen als Dank. Das Kästchen legte ich
– erst auf den Schrank,
– dann unter das Bett,
– dann hinter die Tür,
– dann vor das Fenster,
– dann in die Kommode,
– dann in die letzte Ecke meiner Wohnung ...
und jetzt finde ich es nicht mehr! Frag den Zauberer, wo das Kästchen ist!

Der Kasper versucht sich alles zu merken:

Kasper: Also, das Kästchen legtest du unter den Schrank
Mutter: Nein, auf den Schrank!
Kasper. Gut. Auf den Tank
Mutter: Den Schrank! Auf den Schrank!
Kasper: Gut. Auf den Schrank, dann neben das Bett ...
Mutter: Unter!

usw.

Nach etlichen Wiederholungen, bei denen die Kinder kräftig mithelfen: *Hat Kasper es begriffen. Oder?*

> Zauberer: Kasper, was führt dich zu mir?
> Kasper: Meine Mutter sucht ein goldenes Kästchen. Erst legte sie es auf – äh unter – äh ... in die Nähe vom Schrank...

Können die Kinder ihm helfen?
Weiß der Zauberer den Fundort des Kästchens?
Spielt die Geschichte weiter!

Wenn die Kinder die Präpositionen mit den Gesten unterstützen, merken sie sich leichter die Reihenfolge.

Kaspar kommt zurück

Über Auswege nachdenken, wenn man sich „verhaspelt"

Fortsetzung – an einem anderen Tag: Kaspar geht zurück zur Mutter. Jetzt möchte er ihr erzählen, was der Zauberer gesagt hat, doch ihm fehlen auf einmal die Worte, er bringt alles durcheinander und wird immer nervöser und verwirrter. Improvisieren Sie!

Habt ihr so etwas schon einmal erlebt? Wie war das? Was habt ihr gemacht?

Was kann man in solchen Momenten tun?

Gemeinsam suchen die Kinder nach Auswegen, zum Beispiel:

- um Hilfe bitten: *Mir fehlt ein Wort. Was sagt man, wenn ...*
- Fehlende Wörter beschreiben: *Es ist grün und springt, wie nennt man das?*
- Sprachwechsel: *Auf Türkisch z.B. heißt es ..., wer weiß das deutsche Wort?*
  Das hilft oft schon bei „Denkblockaden".
- Mimik, Gestik einsetzen: *Es macht so ...*
- Generalisieren: *Es ist ein Tier, von dem die Milch kommt ...*
- Neu anfangen, es anders sagen: *Ich fange noch einmal an. Ich meine ...*

Wie kann das Puppenspiel weiter gehen?

Stern- und Herz-Zwerge

Am besten führen Sie die drei Zwergenmannschaften an unterschiedlichen Tagen ein, die nicht zu lange auseinander liegen sollten.

Zwergenmannschaft 1
(um, bis, ohne, für, durch, gegen)

Präpositionen mit dem Akkusativ benutzen

Material: Kopiervorlage oberen Teil (entlang des Flusses ausschneiden), für jedes Kind ein leeres Blatt Papier oder Fotokarton zum Aufkleben der drei Puzzleteile (mittlerer und unterer Teil werden später angeklebt), Klebestifte

Die Kopiervorlage können Sie vergrößern, gemeinsam ausmalen, auf Zeichenkarton als Merkposter kleben und an die Wand hängen.

Was seht ihr dort?
Was tun die Zwerge?
Was sagen sie?

Die Kopiervorlage eignet sich gut zum Gestalten, um dabei über das, was die Zwerge tun, zu sprechen und Präpositionen zu benutzen.

Was macht Bingo da?

Präpositionen BIS DURCH FÜR OHNE GEGEN UM verwenden

Material: eine Handpuppe mit Namen, zum Beispiel Bingo, etwas für alle Kinder (zum Beispiel eine Nuss)

Die Handpuppe steckt ihren Kopf/Arm/ihre Hand **durch** ein Loch, läuft **gegen** einen Stuhl, geht **ohne** Schuhe spazieren, rennt **um** eine Kiste, geht **durch** eine Tür, stößt **gegen** eine Vase, geht **um** den Tisch, schläft **bis** nächsten Dienstag, hat einen Bonbon **für** alle Kinder!

Was macht Bingo?

Zwergenmannschaft 2
(Präpositionen mit DEM, DER und DEN)

Aufmerksamkeit auf Präpositionen mit Dativ lenken

Material: Kopiervorlage mittlerer Teil

Was machen die Zwerge der zweiten Mannschaft?
Was seht ihr?

Was rufen sie?
Was meinen sie damit?

Die Kinder kleben den mittleren Teil auf.

DEN oder DEM?
Zwerge laufen durcheinander

MIT und OHNE

Aufmerksamkeit auf Präpositionen und die Folge-artikel lenken

Stellt euch vor, ihr seid ein Jahr auf einer einsamen Insel. Drei Dinge dürft ihr mitnehmen.
Womit fahrt ihr auf die Insel?
Ohne was reist ihr?

Krieche durch das Tor!

Bewusstsein für Präpositionen und die korrekten Artikel wecken

Material: Elemente aus der Bewegungsbaustelle oder Stühle, Kissen und Tische, viel Platz, Würfel

Zuerst baut die Gruppe Elemente auf, um
– durch sie zu krabbeln,
– auf sie zu klettern,
– um sie herum zu laufen und vieles mehr.

Dann würfeln die Kinder reihum. Wer eine Sechs würfelt, darf ein anderes Kind bitten, etwas zu tun, z.B.:

Kriech durch das Tor, bitte!
Stell dich bitte neben den Stuhl.
Lauf um den Tisch herum, bitte.

Kinder, die massive Schwierigkeiten mit Präpositionen und den Artikeln haben, werden länger als ein Kapitel brauchen, um die Präpositionen oft oder sogar immer korrekt zu verwenden. Beim Spracherwerb ist es sehr häufig, dass die korrekte Produktion zeitversetzt auftritt, mitunter Wochen oder sogar Monate später.

Mond-Zwerge

Ein Gespräch über etwas Merkwürdiges

Wechselpräpositionen bemerken

Mit den Wörtern AN, AUF, HINTER, IN, NEBEN, ÜBER, UNTER, VOR und ZWISCHEN sagen wir DEN, DIE, DAS, wenn wir uns bewegen:

Ich lege den Stift auf DEN Tisch, auf DIE Kommode, auf DAS Regal, auf DIE Bausteine.
*Dann fragen wir: **Wohin** legst du den Stift?*

Wenn es keine Bewegung mehr gibt, sagen wir DEM und DER, wenn es viele sind: DEN.

Er ist auf DEM Tisch, auf DER Kommode, auf DEM Regal, auf DEN Bausteinen.
*Wir fragen: **Wo** liegt der Stift?*

Zwergen-Mannschaft 3

Auf Wechselpräpositionen aufmerksam werden

Material: Kopiervorlage Teil 3

Das dritte Teil des Puzzles!
Was tun die Zwerge?
Was rufen sie?

Die Kinder kleben den unteren Teil auf.

Wie bei Hempels unterm Sofa!

Über Wechselpräpositionen nachdenken

Das perfekte Spiel für einen richtig unordentlichen Gruppenraum: Ein unaufgeräumter Gruppenraum bietet eine optimale Gelegenheit, ausführlich zu beschreiben,

– wo Gegenstände sind (mit DEM und DER) und
– wohin sie gelegt werden (mit DEN, DIE, und DAS) und
– es beim Sprechen gleich auszuführen.

Wo sind Dinge, die dort nicht hingehören?

Wohin legen oder stellen wir die Dinge?

Verstecken

Wechselpräpositionen verwenden, in der Gruppe diskutieren

Die Variante von „Verstecken" macht draußen am meisten Spaß!

Es werden zwei Gruppen gebildet – Sucher und Verstecker. Die Sucher gehen einen kurzen Moment weg und die Verstecker diskutieren gemeinsam, wer *wohin* gehen soll – damit sie Gelegenheit haben, das Spiel zuerst sprachlich zu spielen und sich dann wirklich zu verstecken.

Wohin geht Galina?
Wohin läuft Songül?

Wenn sich alle Kinder versteckt haben, sind die Sucher an der Reihe. Sie haben fünf Minuten Zeit, um die Verstecker zu entdecken und zusammen die Fragen zu beantworten:

Wo ist Galina?
Wo steckt Songül?

Je raffinierter die Verstecker sind, desto schwieriger wird es für die Sucher!
Das Spiel funktioniert sprachlich gesehen besser ohne „Freibaum".

Ein Traumschloss zaubern

Präpositionen verwenden

Stellt euch vor, ihr könnt zaubern. Wie zaubert ihr euer Traumschloss?
Was zaubert ihr in euer Schlafzimmer, in eure Küche, in euer Schlossspielzimmer?

Die Traumschlösser beschreiben und gestalten die Kinder.

Wegzaubern!

Wechselpräpositionen erforschen

Material: ein Zaubermantel mit weiten Ärmeln und Taschen, Zauberstab, Zauberzylinder mit einem Tuch darüber auf einem Stuhl oder Tisch, etwa fünf Gegenstände zum Wegzaubern – Spielkarten, Goldstücke, Murmeln, Tücher u.ä.; wenn vorhanden: ein Zauberkasten.

Für aufgeweckte und etwas mutige Kinder: Ein Kind darf der Zauberer – oder genauer der Illusionskünstler – sein. Im Zauberkostüm lässt er möglichst virtuos und unbemerkt Dinge verschwinden und an anderen Orten wieder auftauchen:

Ich zaubere – ich zaubere – simsalabim – die Murmel in die Manteltasche.

Möglichst unbemerkt steckt der Zauberer oder die Zauberin die Murmel in die Socke oder in den zugedeckten Hut oder in die Tasche eines anderen Kindes.

Wo ist die Murmel?

Neben den Zaubertricks versuchen Sie, die jeweils korrekte Verwendung der Präpositionen mit den passenden Artikeln anzuregen oder in der verbessernden Wiederholung zu festigen.

Zauberverse in aller Welt

 Spaß an Sprüchen und Reimen erleben, das auditive Gedächtnis schulen

Wie heißen Zauberverse in vielen Sprachen?
Bitte fragt eure Eltern, Geschwister!

Ali Baba und die vierzig Räuber

Märchen mit Wechselpräpositionen

Material: Platz, Elemente einer Bewegungsbaustelle oder Stühle, viel Platz, Säcke für die Räuber.

Während Sie die Geschichte erzählen, führen die Darsteller die Handlung vor. Ein Kind stellt Ali Baba dar, eines ist Kassim, die anderen sind die Räuber.

Mitmachgeschichte

Es waren einmal zwei Brüder. Der eine hieß Ali Baba. Er war ein armer Holzfäller.
Sein Bruder hieß Kassim und war ein zufriedener Kaufmann.

Jeden Tag ging Ali Baba in den Wald, denn das war seine Arbeit. Er schnitt Holz und verkaufte es an reiche Leute. So konnten die reichen Leute mit dem Holz heizen.
Eines Tages sah Ali Baba im Wald Pferde. Es war in einer Gegend mit vielen Bergen und riesigen Steinen auf dem Weg. Er versteckte sich auf einem Baum am Fuße eines Berges.
Die Pferde und ihre Reiter hielten vor einem Felsen. Es waren vierzig Räuber! Jeder trug einen dicken Sack auf dem Rücken.
Der Hauptmann rief: „Sesam, öffne dich!" Der Fels öffnete sich wirklich! Alle Räuber gingen durch das Tor.

Hier können zwei Kinder ein Tor bilden, und die Räuber gehen hindurch.

Dann schloss sich das Tor.
Ali Baba wartete auf dem Baum. Wieder öffnete sich der Fels. Die Räuber kamen ohne Säcke aus dem Tor. Sie ritten weg und der Fels schloss sich.
Ali Baba ging auch in die Höhle und fand viel Gold! Er fand Juwelen, Diamanten, Teppiche – alles große Reichtümer. Jetzt war er reich!

Sein Bruder wollte auch so reich wie Ali sein. Ali erzählte ihm alles, und Kassim ritt zum Felsen. „Öffne dich Sesam", rief er, und der Fels ging auf. Er sah alles Gold – und vergaß das Wort. Er rief: „Öffne dich Mandel! Erdnuss!", doch der Fels blieb zu. Bald kamen die Räuber und fanden ihn. Sie verprügelten ihn, da ging er blau und ohne Geld nach Hause.

Nach den Märchen aus 1001 Nacht

Wie heißt das Wort?

 Unbekannte Wörter erschließen

Wer kennt das Wort „Holzfäller" nicht?
Was könnte es bedeuten?
Warum denkst du das?
Eventuell lesen Sie dazu die ersten Sätze über Alis Arbeit noch einmal vor.

Wer weiß nicht, was „Fels" heißt?
Was könnte es sein und warum?

Eventuell lesen Sie dazu noch einmal: *„Eines Tages sah Ali Baba im Wald Pferde. Es war in einer Gegend mit vielen Bergen und riesigen Steinen auf dem Weg. Er versteckte sich auf einem Baum.*
Die Pferde und ihre Reiter hielten vor einem Felsen."

Was könnte „Reichtum" bedeuten?
Was erfahren wir darüber?
Dazu könnten Sie noch einmal lesen: *„Ali Baba ging auch in die Höhle und fand viel Gold! Er fand Juwelen, Diamanten, Teppiche – alles große Reichtümer."*

So können die Kinder üben, unbekannte Wörter aus dem Zusammenhang zu erschließen.

Farben

Der Regenbogen

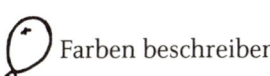 Farben beschreiben

Habt ihr schon einmal gesehen, was passiert, wenn es noch regnet und schon die Sonne etwas scheint?

Welche Farben hat ein Regenbogen?
Wie heißen die Farben?

Wollen wir Regenbogen malen?

Die Farbpalette

 Farbennamen

In einem Farbengeschäft oder bei einem Maler können Sie eine Farbtabelle bekommen, oft heißt sie auch RAL-Tabelle, eine Karte mit sehr vielen Farbabstufungen.

Wie nennen wir die Farben?

 Farbwahrnehmung ist individuell sehr unterschiedlich – was für einen Menschen noch grün ist, ist für einen anderen bereits blau. Kultur spielt eine besonders große Rolle bei Farbwahrnehmung. Ein Beispiel dafür sind „Rotkohl" und „Blaukraut" für das gleiche Gemüse; in Italien heißt „das Rote vom Ei", was in Deutschland „Eigelb" genannt wird. Es kommt hier eher darauf an, Farben möglichst differenziert benennen zu können, ohne dass sich unbedingt alle auf den gleichen Namen einigen müssen.

Wie war's?

Kinderdokumentation

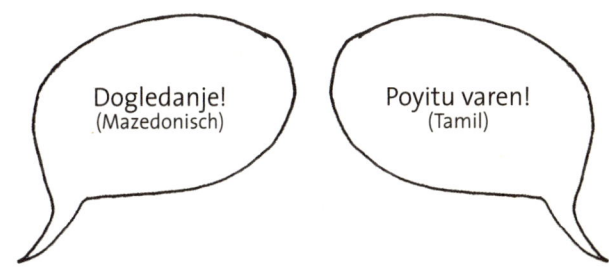 Die Kinder tauschen ihre Eindrücke aus

Als Einstieg oder zum Abschluss kann die Kopiervorlage „Kinderdokumentation – unser Ballonbild" dienen. Dort halten die Kinder fest, was sie am wichtigsten oder schönsten in dieser Einheit fanden.

Dokumentation

 Ihre Beobachtungen

Zwergenlandschaft

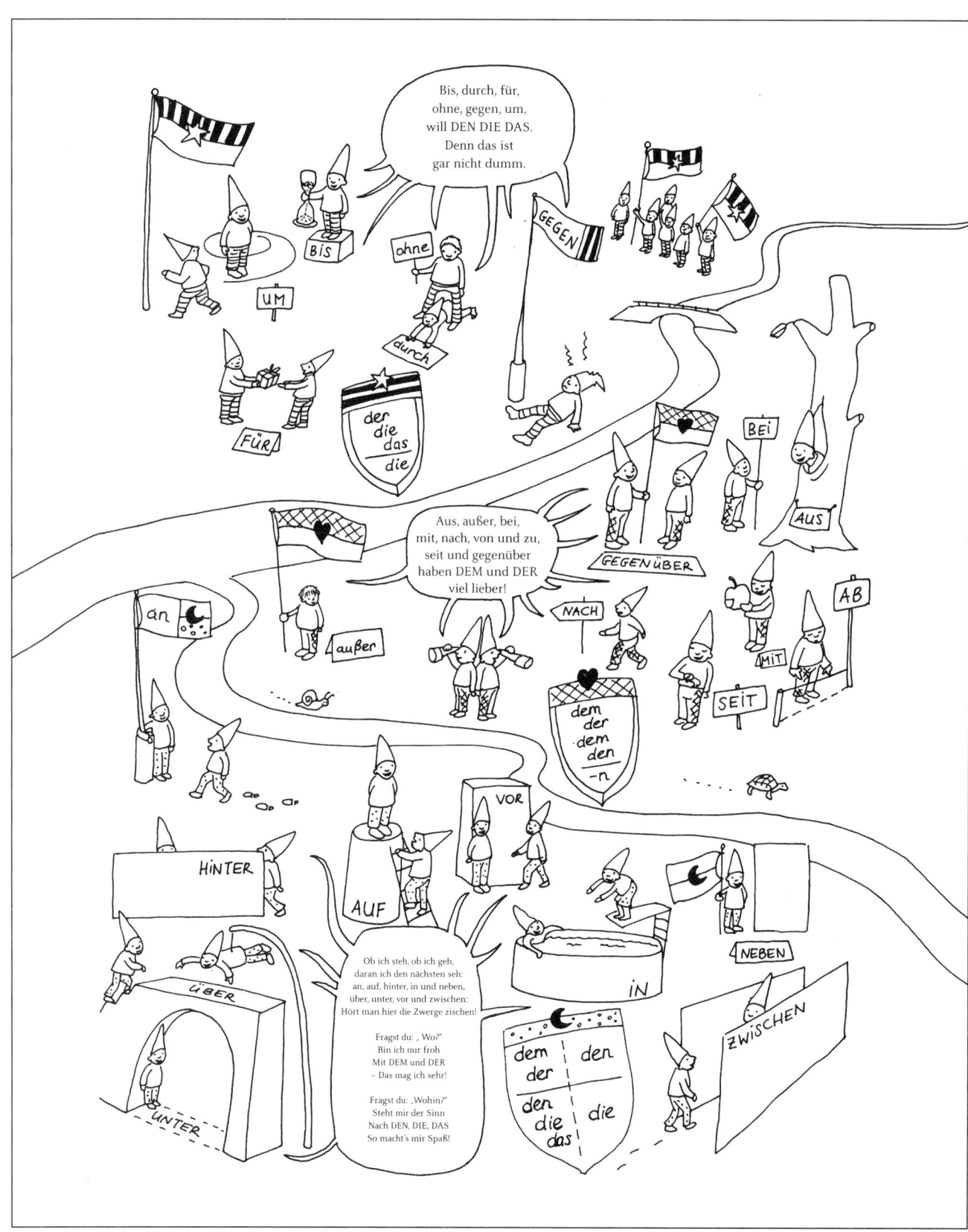

Vorlage auf A3 vergrößern und wie im Kommentartext vorgeschlagen verwenden.

© Spiel mit Deutsch: Zauberwelt, Verlag Herder: Freiburg Basel Wien 2006

ISBN-13: 978-3-451-28927-9; ISBN-10: 3-451-28927-X

11 Gefühle

Hintergründe

Personalpronomen

Stellen Sie sich vor, Nick würde zu ihr sagen: „Ich mag Luisa!" – wahrscheinlich würde seine Freundin zurück fragen: "Wieso, gibt es noch eine?" Für den Namen seiner Spielkameradin sagt Max ein anderes Wort: DICH. Diese „Wörter für Namen" – Fürwörter oder lateinisch Pronomen – sind uns schon in Kapitel 2 und später begegnet als ICH, DU, ER, SIE, ES, WIR, IHR, SIE. Allerdings sagt der Junge nicht: „Ich mag du" – denn **er** mag und **sie** ist das Ziel dieser Sympathie. Sicherlich ahnen Sie es – wir begegnen wieder dem Akkusativ. Für Namen im Akkusativ sagen wir also etwas andere Pronomen: MICH, DICH, IHN, SIE, ES, UNS, EUCH, SIE.

Das ist nun in der Tat recht knifflig und noch dazu in einigen deutschen Varianten unterschiedlich – auf echt Berlinerisch heißt es „ick mag dir!" Das Ziel der entsprechenden Spiele mit Sprache sollte nicht sein, dass die Kinder die Pronomen sofort hundertprozentig richtig anwenden, sondern dass sie die Unterschiede wahrnehmen und auf sie aufmerksam werden.

Und im Dativ gibt es dann noch einmal etwas andere Pronomen.

ich	mich	mir
du	dich	dir
er, sie, es	ihn, sie, es	ihm, ihr, ihm
wir	uns	uns
ihr	euch	euch
sie	sie	ihnen
Nominativ	**Akkusativ**	**Dativ**
Der, der handelt	oft das Objekt, das Ziel der Handlung	oft der Empfänger im weitesten Sinne

Textwissen

Geschichten erzählen, zuhören, spielen kommentieren – das macht nicht nur Spaß, sondern thematisiert darüber hinaus ein reiches Wissen darüber, „wie man erzählt", wie ein guter Text funktioniert. „Text" kann dabei vieles bedeuten: eine Erzählung, ein Redetext, eine Handlungsanweisung, eine Beschreibung, eine Erörterung eines Sachverhaltes, eine Gute-Nacht-Geschichte und vieles mehr. Wie viele Textarten funktionieren, lernen Kinder lange bevor sie schreiben lernen – wenn sie genug Gelegenheit haben, Texten zu begegnen.

In diesem Kapitel liegt ein Schwerpunkt darauf, Geschichten anzubieten, um über sie zu sprechen, sie zu erschließen und als Gesprächanlass für eigene Redetexte zu nehmen – z.B. für eine kleine Erzählung über einen Pechtag.

Mut zu Gefühlen

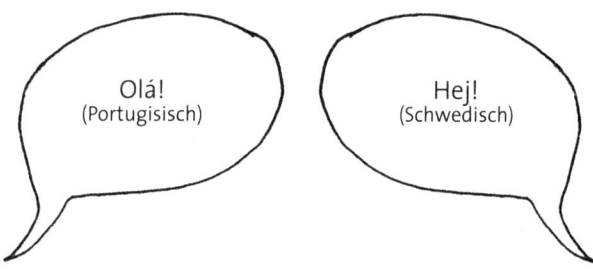

Die warme Dusche – das kannst du gut!

 Selbstvertrauen stärken

Material: ein blaues Seidentuch, wenn möglich

Das Tuch breiten wir auf dem Boden aus und setzen uns drum herum oder ein Kind im Kreis setzt sich auf das Tuch.

Jetzt duschen wir einmal hier – mit Worten!
Das Tuch ist unsere Dusche und unsere Worte sind das Wasser. Wir sagen, was wir an dem Kind gerne mögen und was uns an ihm gefällt.
Wer möchte als erster in die Mitte?

Was mögen wir an dir?

Wie geht es dir?

Personalpronomen benutzen und von sich erzählen

Ein Gespräch mit allen:

Wie geht es dir heute? Wie fing dein Tag an?

In der Erprobung haben Erzieherinnen berichtet, dass dieses Gespräch sich oft über längere Zeiträume entwickelt, wenn es regelmäßig aufgegriffen wird. Meistens übernehmen die Kinder zuerst einfach das, was der oder die Vorgängerin gesagt hat, aber nach und nach lernen sie, sich genauer auszudrücken.

Was machst du, wenn ...

 Über Gefühle sprechen und wie unterschiedlich wir sie ausdrücken

Was machst du, wenn du
– froh bist?
– Angst hast?
– wütend bist?
– unsicher bist?

Ein Spiel um Gefühle

Über Gefühle reden

Mit diesem Spiel können die Kinder sich und ihren Gefühlen näher kommen. Nachfolgend einige Fragen, die zu den entsprechenden Feldern auf dem Spielfeld gestellt werden können:

② Sage einem Kind, was es gut kann.

③ Sage einem Kind, dass du es magst. Tipp: Das kann man auf viele Arten tun, auch ohne Worte!

⑤ Sage einem Kind, was du an ihm oder ihr schön findest.

⑧ Du hast dich mit deinem Freund gestritten und möchtest dich wieder vertragen. Was sagst du?

⑩ Zwei Kinder, die du kennst, streiten sich und tun sich weh. Was machst du?

⑬ Wen hast du einmal vermisst?

⑯ Bringe jemanden zum Lachen!

⑲ Drei Kinder ärgern ein anderes Kind. Was machst du?

⑳ Wann warst du einmal wütend?

㉔ Was macht dich traurig?

㉕ Wann hast du einmal geweint?

㉗ Was macht dich froh?

㉚ Was machst du, wenn du traurig bist?

㉛ Ein großes Kind will deinem/r Freund/in etwas wegnehmen. Was machst du?

㉜ Hast du einmal Angst um jemanden gehabt?

㊱ Dein/e Freund/in weint. Was machst du?

Auch die Gesichter auf dem Spielplan haben eine Bedeutung:

☺ Freundliches Gesicht: noch einmal würfeln

☹ Trauriges Gesicht: ein Feld vorrücken

😨 Ängstliches Gesicht: bis zum nächsten freien Feld vor dem nächsten Spieler vorrücken

😠 Zorniges Gesicht: eine Runde aussetzen

Stimmungen ausdrücken

Das schönste Schimpfwort

 Fantasie in Sprache umsetzen

Wer kennt das schönste Schimpfwort?
In allen Sprachen!
Wollt ihr zu Hause nachfragen?

Die schönsten, blumigsten, ausdrucksstärksten Schimpfwörter werden gesammelt.

Die Schimpftüte

Ärger in Worten ausdrücken

Wenn ein Kind so wütend ist, dass es seinen Ärger erst einmal in Worten loswerden muss, so ruft es sie in die Schimpftüte hinein. Wenn es fertig ist, bindet es die Tüte gut zu. Jetzt kann der Konflikt gelöst werden. Wenn der Frieden wieder hergestellt ist, leert das Kind die Tüte draußen aus – der Wind nimmt die Wörter mit fort.

So ein Pechtag!

Einer Geschichte zuhören, über „Pechtage" sprechen

Um 7 Uhr stand Sandro auf – und stieß sich den Kopf am Bett. Das tat weh!

Dann duschte er, doch das Wasser war kalt. Sandro ärgerte sich darüber.

Er kam aus dem Bad und rannte gegen Papa. Papa schimpfte ihn aus, was Sandro Leid tat.

Das Frühstück war auch nicht besser, weil er erst den Zucker verschüttete und dann die Tasse umfiel. Das Brot fiel ihm auf den Teppich. Sandro war wütend.

Dann schaute er aus dem Fenster – es regnete. Wütend ging er zur Schule und wurde richtig nass. Ein Auto bespritzte ihn, sein Rucksack ging auf und sein Pausenbrot fiel in eine Pfütze. Jetzt wurde er traurig.

In der Schule schaute er auf den Kalender. Dann war ihm alles klar!

Was habt ihr verstanden?
Was habt ihr nicht verstanden?
Hattet ihr auch schon einmal Tage,
an denen ihr wütend wart?
Was ist passiert?

Der eigensinnige Elefant

Wörter für Stimmungen kennen lernen

Es war einmal ein kleiner, unzufriedener Elefant. Ärgerlich trampelte er durch die riesige Steppe. „Ich will kein dicker Elefant sein!", sagte er zu sich selbst. Da sah er eine elegante Giraffe. Zufrieden stakste sie und wippte dabei leicht und vergnügt mit den Knien. „Eine Giraffe sein! Das ist schön!", rief er. Sofort versucht er angestrengt, genauso zu staksen. Das Wippen in den Knien war besonders schwierig. Plumps! Da lag er und war enttäuscht, weil es so schlecht geklappt hatte. Missmutig trottete er fort.
Da galoppierte ein Zebra vorbei. Begeistert dachte der Elefant: „Ein Zebra will ich sein!" Mit seinem Schwanz malte er sich schwarze Streifen aus Erde auf den Rücken. Dann schritt er wie ein Zebra, das viel Zeit hat. Das gelang prima! Stolz und mutig versuchte er es schneller und trabte. „Genau wie ein richtiges Zebra!", freute er sich. „Und jetzt versuche ich zu galoppieren." Die Steppe bebte, bei jedem Galoppsprung machte der Elefant einen Höllenlärm. Die Hasen sprangen ängstlich aus ihren Bauten, die Mäuschen huschten in Panik aus ihren Löchern!
Da stolperte der Elefant über seine Vorderbeine und fiel – genau in den Teich, in dem die anderen Elefanten badeten und sich das Wasser glücklich und jetzt auch recht verwundert um die großen Ohren spritzten. „Ich bleibe lieber, was ich bin – ein Elefant!", dachte der kleine Elefant und spritzte übermütig mit.

Frei erzählt nach einem afrikanischen Märchen

Wisst ihr, was diese Wörter bedeuten: ärgerlich, zufrieden, angestrengt, enttäuscht, missmutig, begeistert, stolz, mutig, sich freuen, ängstlich, in Panik, glücklich, verwundert, übermütig?
Welche Wörter davon kennt ihr?
Welche nicht?

Wie läuft der Elefant?

Wortschatz erweitern mit Bewegung

Die Geschichte eignet sich gut zum Mitspielen – Sie lesen sie vor und alle spielen die Tiere und ihre Gangart vor.

Dick, dicker ...

Vergleich ausdrücken – steigern

Der Elefant findet sich dick. Was ist dicker als ein Elefant?
Welches Tier ist von allen, die ihr genannt habt, am dicksten?

Was ist ein schnelles Tier? Welches Tier ist noch schneller? Welches ist am schnellsten?
Groß ...
Gut ...
Mutig – was ist wirklich mutig?
Stark – wer ist stark? Was bedeutet stark sein? Hat es immer mit Muskeln zu tun?

Unsere eigene Geschichte

Gemeinsam eine Geschichte erzählen

Material: leere Kärtchen

Jetzt erzählen wir zusammen eine Geschichte. Wer soll in unserer Geschichte vorkommen?

Die Figuren, die die Kinder nennen, werden auf die Kärtchen gezeichnet und als „roter Faden" in die Mitte gelegt.

Wie fängt unsere Geschichte an?

Die Kinder werden eingeladen, abwechsln die Geschichte weiter zu entwickeln. Dies können Sie aufschreiben – wenn Sie möchten, auf der Kopiervorlage auf S. 55 – und am Ende unterschreiben alle kleinen Autorinnen und Autoren. Das fertige Ergebnis kann für alle Kinder kopiert werden, in anderen Gruppen vorgelesen werden, Teil des Gruppenportfolios werden und Elternveranstaltungen bereichern.

Wörter für Personen: Personalpronomen

So bin ich!

Über sich selbst sprechen und Personalpronomen benutzen

Was macht dich wütend? Was macht dich froh?
Was macht dich ängstlich, wovor fürchtest du dich?

Ich wünsche mir...

Wünsche ausdrücken und Personalpronomen verwenden

Stellt euch vor, ihr habt drei Wünsche frei. Was wünscht ihr euch?

Der Spiegel

Sich der Personalpronomen (hier im Akkusativ) bewusst werden

Material: ein Handspiegel

Wenn ich in den Spiegel schaue, wen sehe ich da?
Wenn ich in den Spiegel schaue, sehe ich ...
Wenn du in den Spiegel schaust, siehst du ...
Wenn er ...
Wenn sie ...
Wenn wir ...
Wenn ihr ...
Wenn sie ...

Vom Streiten und Sich Vertragen

Auf Personalpronomen aufmerksam werden

Ein Mädchen erzählt ihrer Mutter:

Orcan hat mich geschubst! Und er hat mich getreten. Dann haben wir uns gestritten. Wir haben uns angeschrien. Ich bin sehr wütend! Und traurig. Wir waren doch Freunde!

Ein türkischer Junge erzählt seinem Bruder:

Anna ist hingefallen. Sie hat sich weh getan. Dann hat sie mich beschuldigt! Sie hat mich beschimpft! Ich habe sie überholt, aber nicht geschubst! Ich bin wütend auf sie.

Wie geht die Geschichte weiter?

Rollenspiel: *Wie können sich Orcan und Anna wieder vertragen?*

Sich gut verstehen

Darin seid ihr klasse!

 Geschlechter wahrnehmen

Die Gruppe wird in Mädchen und Jungen aufgeteilt. Beide Gruppen bitten Sie zu überlegen:
Was können die anderen gut?
Was können wir gut?

Anschließend vergleichen Jungen und Mädchen:
Sehen die anderen uns stark, wenn wir uns auch stark finden?

Kinderkonferenz

 Die eigene Sprache als wirksames Instrument kennen lernen

Die Kinder und Sie setzen sich zusammen um einen Tisch.
Zuerst verabreden Sie eine Tagesordnung, handgeschrieben auf einen Zettel, z. B.

TOP 1: Aktuelles, wie ein bevorstehendes Fest, ein Ausflug
TOP 2: Was uns nicht gefällt und wie wir es ändern können
TOP 3: Was wir gut finden
TOP 4: Verschiedenes.

Dann bestimmen alle eine Moderatorin oder einen Moderator. Beim ersten Mal sind das zweckmäßigerweise Sie, doch bei den folgenden Malen können das Kinder übernehmen. Die Kinderkonferenz ist am wirkungsvollsten, wenn sie regelmäßig stattfindet. Dann lernen die Kinder nach und nach dieses Forum kennen und trauen sich, das Wort zu ergreifen. Vor allem merken sie, wie wichtig Sprache – ihre Sprache – sein kann, um Schwierigkeiten zu beseitigen und Probleme zu lösen.

Wie Streitigkeiten beginnen

Über Anfänge von Streitigkeiten reden

Fünf gute Freunde

Es waren einmal fünf gute Freunde. Sie waren sehr verschieden: ein Hund, eine Katze, eine Biene, ein Frosch und ein Bär.
Sie wohnten zusammen in einer Höhle am Waldrand, wo die schönsten Blumen blühten. Sie hatten sich sehr gern!
Doch eines Tages trat der Bär aus Versehen auf die Pflanzen. Darüber wurde die Biene sehr wütend! Sie begann sofort zu summen und zu brummen und schwirrte immer um die Nase des Bären. Der Bär wollte sie mit der Hand verscheuchen. Dabei gab er ihr einen Stoß und trat außerdem der Katze auf den Schwanz. Das tat der Katze sehr weh, und vor Schmerz und Schreck wurde sie böse. Zornig kratzte sie den Bären.
Das tat dem Bären weh, und es machte ihn auch traurig. Betrübt trottete er zum Hund.
Der hatte gerade schlechte Laune und wollte den Bären eigentlich anknurren. Doch als er sah, wie sein Freund den Kopf hängen ließ, hörte er ihm zu. Der Bär erzählte die ganze Geschichte, und der Hund tröstete ihn: „Es wird wieder gut werden!"
Aber wie?
Da kam der Frosch vorbei und hatte eine gute Idee: „Komm, wir reden alle darüber," sagte er. Sie holten die Katze und die Biene.
„Ich bin traurig, weil meine Blumen zerdrückt sind," summte die Biene, „das hat mich wütend gemacht!"
„Es tat sehr weh, als du auf meinen Schwanz getreten bist," miaute die Katze.
„Das wollte ich nicht," brummte der Bär, „Entschuldigung! Ich möchte, dass wir uns wieder vertragen!"
Die Biene und die Katze lächelten: „Das wollen wir auch!"
Und dann tanzten sie gemeinsam um einen großen Baum.

Wie hat der Streit begonnen?
Wie konnte er gelöst werden?

Gut streiten

 Über konstruktives Streiten nachdenken

Wann bringt ein Streit weiter? Wann macht er Sinn? Wann macht Streit etwas kaputt? Wie denkt ihr darüber?

Ein paar Anregungen:

– ICH statt DU, das heißt lieber sagen, was man selbst fühlt, denkt oder wahrnimmt, als den anderen anzugreifen. Zum Beispiel lieber ICH BIN WÜTEND, WEIL DU GESAGT HAST, DU WILLST NICHT MEHR MEINE FREUNDIN SEIN sagen als DU BIST GEMEIN!,

– einen Ausweg für beide suchen, z.B. KÖNNEN WIR UNS BEIM SCHAUKELN ABWECHSELN?

– sagen, wenn man etwas nicht so gemeint hat, z.B. ENTSCHULDIGE! oder SO HABE ICH DAS NICHT GEMEINT! oder auch ICH WOLLTE DIR NICHT WEH TUN!,

– sich trauen, den ersten Schritt zu gehen: WOLLEN WIR UNS VERTRAGEN" oder NA GUT, NIMM DAS FAHRRAD. ICH FAHRE SPÄTER. – aber dazu muss man natürlich sehr mutig sein. Wer traut sich das?

Schlagen muss nicht weh tun!

 Wörter zusammen setzen und entdecken

Sie spielen den Kindern einige Möglichkeiten von SCHLAGEN vor, die garantiert nicht weh tun:

– im Telefonbuch oder im Kinderlexikon etwas nachschlagen,
– eine Tür zuschlagen,
– etwas vorschlagen,
– ein Buch aufschlagen ...

Fällt euch noch etwas ein?
Geht das auch mit anderen Wörtern – zum Beispiel GEBEN?

– Etwas abgeben,
– im Streit nachgeben,
– etwas zugeben, z.B. dass man etwas Unfreundliches gesagt hat,
– sich vergeben, vertragen,
– angeben wie eine Tüte Mücken,
– bei einem Rennen aufgeben.

Könnt ihr das vorspielen?
Geht das auch mit „ziehen"? Und „packen"?

Wie war's?

Kinderdokumentation

 Die Kinder tauschen ihre Eindrücke aus

Als Einstieg oder zum Abschluss kann die Kopiervorlage „Kinderdokumentation – unser Ballonbild" dienen. Dort halten die Kinder fest, was sie am wichtigsten oder schönsten in dieser Einheit fanden.

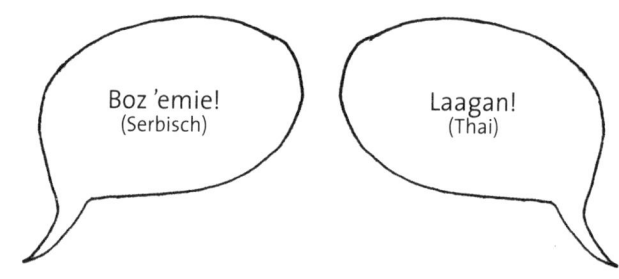

Boz 'emie!
(Serbisch)

Laagan!
(Thai)

Dokumentation

 Ihre Beobachtungen

Spiel um Gefühle

Würfelspiel: Hinweise zum Spiel auf S. 92 f.

© Spiel mit Deutsch: Gefühle, Verlag Herder: Freiburg Basel Wien 2006
ISBN-13: 978-3-451-28927-9; ISBN-10: 3-451-28927-X

Geschafft!

Unser Ballonbild

Zusammenfassen, sich bewusst machen, wie viel man geschafft hat

Auf ihrem nun vervollständigten Ballon-Bild können die Kinder mithilfe der Ausschnitte bzw. der eigenen Bilder nachvollziehen, was sie im Laufe der Zeit alles gemacht haben und worüber sie nun schon auf Deutsch reden können:

Was seht ihr? Könnt ihr euch daran erinnern?
Was hat euch besonderen Spaß gemacht?

Unser gemeinsames Tagebuch

Den Verlauf gemeinsam erleben, erfahren, was dokumentiert wurde

Gemeinsam können Sie und die Kinder betrachten und darüber sprechen, was Sie in der zurückliegenden Zeit notiert, fotografiert und gesammelt haben:

Gefällt es euch, was wir gesammelt haben?
Wie denkt ihr darüber?

Unser Wandbild

Stolz auf das eigene Lernen sein

Was war euch am Wichtigsten bei unserem Sprach-forscherklub? Was hat euch am besten gefallen?

 Sie notieren, was die Kinder sagen.

Auf das Wandbild malen die Kinder
- sich selbst,
- Spiele, die ihnen besonders gut gefallen haben,
- Märchen, Geschichten, die sie besonders beein-druckt haben oder andere kreative Arbeiten,
- kleben Sie Fotos aus den letzten Monaten.

Dazu schreiben Sie einige Kinderäußerungen aus dem Gespräch – zum Vorlesen, und für die Kolleginnen und die Eltern zum Selbstlesen.
Das Wandbild weist an einem gut sichtbaren Platz, z.B. im Eingangsbereich, für alle deutlich auf den Sprach-forscherklub und vor allem auf das gemeinsame Spie-len mit der Sprache hin.

Wie wollt ihr eure Sprache/n weiter verbessern?

Perspektiven aufzeigen, wie es weiter gehen kann

Wie wollt ihr weiter eure Sprachen verbessern?

Die Kinder sammeln Ideen und Sie ergänzen, wie

- vorlesen lassen und bald selbst lesen,
- ein Wörterbuch anschaffen – ein kleines reicht für den Anfang,
- wenn man etwas nicht ganz versteht: in eigenen Worten sagen, was man versteht: „Meinst du, dass …?",
- sich erklären lassen, was man nicht versteht – statt zu schweigen,
- überlegen: wer kann mir helfen? Wer spricht zu Hause gut Deutsch und kann mich bei den Haus-aufgaben unterstützen?,
- Kann ich mit einem anderen Kind die Hausauf-gaben zusammen erledigen?,
- selbst darauf achten, dass alle Hausaufgaben gemacht werden.

Abschlussurkunde

Deutlich machen, das etwas abgeschlossen ist; be-lohnen

Mit dieser Urkunde können Sie den Kindern eine konkrete Bestätigung ihrer Lernfortschritte geben.

Abschlussurkunde

_____

hat mit Erfolg seine / ihre deutschen
Sprachkenntnisse verbessert.

Positiv fiel an ihr /ihm auf, dass

Viel Glück!

_____

ISBN-13: 978-3-451-28927-9; ISBN-10: 3-451-28927-X

Zur Konzeption

Sprache im Zusammenspiel von Basisqualifikationen

Sprache wird hier gesehen als ein Zusammenwirken, ein Agieren in einem Netzwerk vielfältiger Bereiche. Konrad Ehlich legt dazu mit seinen linguistischen Basisqualifikationen (Ehlich 2005:12) einen Rahmen vor, in dem Kommunikation beschrieben werden kann. Dabei werden pragmatische Aspekte, die das sprachliche Handeln betreffen, im Zusammenhang mit morpho-syntaktischen Qualifikationen (die u.a. die zunehmende Fähigkeit betreffen, komplexe sprachliche Formen zu verstehen und herzustellen), phonischen Qualifikationen der Lautunterscheidung und -wahrnehmung und der Produktion, der Semantik, der Diskursfähigkeit und Schriftlichkeit (Literalität) in verschiedenen Aspekten betrachtet.

Bei den Fünfjährigen, deren Spracherwerb gefördert werden soll, stellt sich die Frage, was sie schon recht gut können, was sie sich allein erarbeiten und in welchen Bereichen dagegen besondere Förderung notwendig erscheint. Hierzu liegen keine gezielten Untersuchungen im deutschsprachigen Raum vor, obwohl diverse in Arbeit sind, so dass wir in den nächsten Jahren hoffentlich genauere Erkenntnisse haben werden. Ebenso zentral scheint die Frage, welche dieser Fähigkeiten für die Schule besonders wichtig sind.

Hier wird davon ausgegangen, dass die Schwerpunkte auf einer Kombination von grammatikalischen Strukturen, angemessenem Wortschatz und sprachlichen Handlungsfähigkeiten liegen sollten. Da die Spiel- und Gesprächsangebote in Situationen stehen, werden darüber hinaus immer vielfältige Kommunikationsaspekte einbezogen.

Warum traditionelle Grammatik?

Unter diversen Möglichkeiten Sprachstrukturen zu beschreiben, wurde die traditionelle Darstellung der

---

Ziele

Auf allgemein pädagogischer Ebene

„Lernen lernen" bedeutet schrittweise das eigene Lernen selbst zu bestimmen:

Die Kinder nehmen mehr und mehr das Lernen selbst in die Hand.
In kleinen Schritten bereiten wir sie darauf vor: sie wählen ein Lied aus, einen Reim und sagen uns, was ihnen gefallen hat.
Sie probieren Techniken aus, mit denen sie sich etwas besonders gut merken.
Sie überlegen, was sie tun, wenn das Gespräch nicht gelingt.

Mit diesen Strategien und Techniken wird der Deutscherwerb besonders nachhaltig. Weil sie für alle Themen und Bereiche gelten, wirken sie sich positiv auf das gesamte Lernverhalten aus.

Kulturbezogen

Gleichwertigkeit der Sprachen und Kulturen erfahren,
Verschiedenheit von Kulturen kennen lernen und annehmen,
Neugierde und Empathie für viele Kulturen wecken.

Sprachbezogen

Mehrsprachigkeit als Normalfall erleben,
sich mündlich in Alltagssituationen situationsgerecht und weitgehend zielsprachlich ausdrücken können ,
Vermutungen über Sprache anstellen,
Wortschatz erweitern zu einem etwa altersgerechten Umfang.
Auf grundlegende grammatikalische Strukturen aufmerksam werden:
Verben: Flexion im Präsens, Präteritum, Perfekt, Imperativ; Modalverben, trennbare Verben
Substantive: Genus, Plural, Komposita
Adjektive, Adverbien: Flexion
Artikel
Pronomen: Personalpronomen, Reflexivpronomen
Präpositionen
Sätze: Aussagesätze, Fragesätze, Negation, Haupt- und Nebensätze
Kasus: Nominativ, Akkusativ, Dativ

Viele weitere, wichtige Sprachthemen konnten ihren Platz nicht in diesen zwölf Kapiteln finden – wie Passiv, Relativsätze und vieles, vieles mehr. Deshalb hoffen und wünschen wir, dass Sprachförderung als essentieller Bestandteil der gesamten Schulzeit in allen Fächern selbstverständlich wird.

Duden-Grammatik gewählt. Sie ist in den meisten Bereichen ausreichend präzise für den hier angestrebten Zweck; vor allem knüpft sie an das Wissen der Erzieherinnen an, auf das sie aus ihrer eigenen Ausbildung zurückgreifen können. Darüber hinaus wird so die gleiche Beschreibungsweise gewählt, der die Kinder in der Schule wieder begegnen.

Was wissen wir über diese Kinder?

Bei den Vorschulkindern, deren Beherrschung der deutschen Sprache nicht den Erwartungen und Wünschen der Pädagogen und Linguisten entspricht, haben wir eine Zielgruppe zwischen vielen Rastern. Schon die Begrifflichkeit ist schwierig, wenn wir uns beziehen auf Kinder, deren Sprachentwicklung nicht verzögert ist und trotzdem keine gute Voraussetzung für eine Partizipation an Bildung zu versprechen scheint.

Ist das Lernen dieser Kinder im Sinne des Spracherwerbs, des ersten Zugriffes auf Sprache im Leben eines Menschens zu beschreiben? Das würde bedeuten, Fünfjährige lernten Sprache so wie Ein- oder Zweijährige. Mehr oder weniger explizit wird das in diversen Ansätzen zur Sprachförderung und nicht zuletzt in unterschiedlicher Klarheit in der Anwendung vorausgesetzt. Das bedeutet jedoch, Fünfjährige in einem wesentlichen Bereich kognitiver Entwicklung mit Kleinkindern zwischen null Monaten und drei Jahren gleichzusetzen (wenn nicht sogar der vorgeburtliche Zeitraum mit einbezogen werden muss). Diese Annahme wird nicht nur in keiner Weise durch Daten oder Untersuchungen bestätigt, sie ist in kognitiver Hinsicht höchst diskutabel. Schließlich unterscheiden sich die kognitiven Fähigkeiten und Prozesse entscheidend im ersten, dritten und sechsten Lebensjahr.

Lernen Fünfjährige Deutsch ganz anders als kleinere Kinder? Gibt es einen besonderen Deutscherwerb im Sinne etwa von „Deutsch als Zweitsprache vor der Pubertät"? Wenn das so sein sollte, dann müsste es noch weiter formuliert und untersucht werden.

Lernen Fünfjährige so wie Erwachsene? Auch das kann in einigen Teilbereichen möglich sein, in einigen ist es nicht der Fall, z.B. was das strukturierte Lernen betrifft. Auch hier ist weitere Forschung wichtig. Auffallend ist beispielsweise die Schwierigkeit, korrekte Artikel zu produzieren, was bei einsprachig deutschen Kindern nur als vorübergehende Phase beobachtet werden kann, bei erwachsenen Deutschlernern dagegen sehr häufig ist.

Sind Vorschulkinder, die die deutsche Sprache nicht so beherrschen, wie wir das erwarten und für sie wünschen, sprachverzögert, vielleicht sogar sprachgestört und wie sprachentwicklungsverzögerte Kinder zu fördern? Können wir Forschung zu Spezifischen Sprach-

entwicklungsstörungen (SSES), Dysgrammatismus oder Entwicklungsverzögerungen verwenden, über die immerhin Untersuchungen vorliegen, die sich auf die gleiche Altersgruppe beziehen?

Hier scheint eine Reflexion unter diversen Gesichtspunkten nötig: Natürlich gibt es Kinder mit SSES, auditiven und anderen Wahrnehmungsstörungen oder anderen therapeutischen Förderbedarfen wie z.B. logopädischer, psychologischer oder familientherapeutischer Art, und natürlich gibt es sie auch bei mehrsprachigen Kindern. Gerade sie gilt es zu erkennen. Immer noch berichten ErzieherInnen und Eltern, dass mehrsprachige, auffällige Kinder nicht auf Hörvermögen getestet werden, weil sie „ohnehin später" sprechen würden – eine Annahme, die durch zahlreiche Studien widerlegt ist. Sprachentwicklungsverzögerte Kinder zu erkennen, ihnen die benötigten Diagnoseverfahren und Therapien zu ermöglichen, möchte ich anregen, in den nächsten Jahren als Element jeder Sprachförderung verstärkt in den Blickpunkt von Sprachförderung aufzunehmen. Ebenso wichtig ist es, Anhaltspunkte für familientherapeutische oder psychologische Förderbedarfe wahrzunehmen und entsprechende Unterstützung für die Familien anzuregen.

Sprachförderung kann allen Kindern positive Impulse geben, aber niemals eine geeignete Therapie ersetzen.

Viele Talente

Es ist dagegen nicht sinnvoll, alle Kinder, die bundesweit ihre Deutschkenntnisse nicht ausreichend genug für eine gute Schulbiografie entwickeln konnten, als sprachentwicklungsgestört oder -verzögert aufzufassen. Eine solche Betrachtung wird sowohl den tatsächlich therapiebedürftigen Kindern als auch den Kindern mit zu optimierenden Deutschkenntnissen nicht gerecht. Bei der zweiten Gruppe handelt es sich oft um mehrsprachige Kinder mit ausgezeichneten metasprachlichen Fähigkeiten, mit zum Teil punktuell sehr gut ausgebildeten Sprachkenntnissen, die unter ungünstigen Inputbedingungen diverser Art nicht die Sprache oder Variante beherrschen, die für ihre Schulentwicklung förderlich ist. Dass sie dabei virtuos streiten können, ihr Spiel fantasievoll sprachlich begleiten können oder sogar Witze erzählen können, die bei aller Unverständlichkeit für Erwachsene Fünfjährige äußerst vergnügen, sollten wir ebenso wahrnehmen und schätzen. Sie zu entwicklungsverzögerten Kindern zu machen, heißt neue Stigmatisierungen zu verteilen, statt die Potentiale dieser Kinder wahrzunehmen und zu fördern. Sie sollten daher auch in ihrer Sprachförderung ein Material zur Verfügung haben, dass auf ihre Fähigkeiten eingeht und nicht für Therapie oder Vorbeugung von Schwächen konzipiert wurde.

Dass Kinder profitieren können von Programmen, die für sie nicht entworfen wurden, liegt daran, dass sie in ihrem Spracherwerb stets sehr aktive Teilnehmer sind. In der Tat ist der angebotene „Input" nur ein Teil dessen, was die Kinder sprachlich zu einer Weiterentwicklung antreibt. Ihr „Intake", das was sie sich aus der sie umgebenden Sprache heraussuchen, um es in ihrem Spracherwerb zu verarbeiten, ist mindestens ebenso wichtig. Anders gesagt: Kinder suchen sich aus der sie umgebenden Sprache heraus, was sie gebrauchen können – daher ist bei manchen Sprachförderprogrammen der Nutzen viel größer als das, was das Programm bietet. Es hat einen Rahmen für Kommunikation geboten, den Sprachförderkraft und Kinder zum Glück weiter gezogen haben, als er im Programm vorgesehen war.

Einige Hinweise für die Anwendung

Gute Sprache braucht gute Bedingungen, und das gilt besonders für Sprachförderung:

– Sie sollte daher in Kleingruppen stattfinden, bei manchen Kindern kann zeitweilig eine Einzelförderung oder eine Zweiergruppe die besten Möglichkeiten bieten, Mut zum Sprechen zu finden und die eigene Sprache zu entdecken.
– Sprachförderung muss regelmäßig stattfinden: mehrmals wöchentlich.
– Ihr sollte eine Reflexion über Ziele vorausgehen und die Förderung begleiten – was sollen die Kinder als Gruppe erreichen? Wie nehme ich jedes einzelne Kind zu Beginn des Förderzeitraumes wahr, welche Ziele kann ich für dieses Kind formulieren? Daher ist eine begleitende Beobachtung der Kinder wichtig.

– Die Ziele sollten zu einer wie auch immer gearteten Planung führen. Es sollte am Ende des Förderzeitraumes gewährleistet sein, dass nicht viel Zeit auf letztlich weniger wichtige Bereiche verwendet wurde. Bei „Spiel mit Deutsch" können Sie dazu die Kapitel frei kombinieren – außer vielleicht der Begrüßungseinheit und der Abschlusseinheit, damit Sie auf Ideen und Wünsche der Kinder, Situationen und Interessen eingehen können. Daher eignet sich „Spiel mit Deutsch" auch für die Arbeit im Situationsorientierten Ansatz. Darauf, dass auch die Sprache selbst eine Situation sein kann – z.B. als Wahrnehmung, dass „niemand einen Satz sagt" – sei ausdrücklich hingewiesen.
– Einer Sprache gut zu erlernen, braucht Zeit – viele Jahre. Sinnvolle Sprachförderung auf Dauer muss daher langfristige Zeiträume erreichen – vor der Schule und schulbegleitend bis zum erfolgreichen Schulabschluss. Sollen tatsächlich gleiche Chancen für Partizipation an Bildung und Gesellschaft erreicht werden, gelingt das nur mit einer Sprachförderung durch alle Schulstufen.

In diesem Sinne ist zu wünschen, dass sich die überaus positive Entwicklung im Bereich Sprachförderung verfestigt und alle Bildungsbereiche erreicht. Vielfältige Ansätze zur Sprachförderung sollten entwickelt, erprobt und diskutiert werden. Neue Richtungen sollten ausprobiert werden, Fantasie, Spaß verbunden werden mit erheblichen Lernfortschritten und tatsächlich verbesserten Chancen für Partizipation an Bildungschancen.

Es wäre schön, wenn *Spiel mit Deutsch* dazu einen Beitrag leisten könnte.

Literatur

Apeltauer, Ernst (2005): *Sprachliche Frühförderung von zweisprachig aufwachsenden türkischen Kindern im Vorschulbereich.* Bericht über die Kieler Modellgruppe (März 2003 – April 2004). Flensburger Papiere zur Mehrsprachigkeit und Kulturenvielfalt im Unterricht. Sonderheft 1, 2. Auflage. Universität Flensburg.

Apeltauer, Ernst (2004): *Beobachten oder Testen? Möglichkeiten zur Erfassung des Sprachentwicklungsstandes von Vorschulkindern mit Migrationshintergrund.* Flensburger Papiere zur Mehrsprachigkeit und Kulturenvielfalt im Unterricht. Heft 36. Universität Flensburg.

Apeltauer, Ernst (2003): *Literalität und Spracherwerb.* Flensburger Papiere zur Mehrsprachigkeit und Kulturenvielfalt im Unterricht. Heft 32. Universität Flensburg.

Clahsen, Harald (1986): *Normale und gestörte Kindersprache: Linguistische Untersuchungen zum Erwerb von Syntax und Morphologie.* Amsterdam: Benjamins.

Ehlich, Konrad (2005): *Anforderungen an Verfahren der regelmäßigen Sprachstandsfeststellung als Grundlage für die frühe und individuelle Sprachförderung von Kindern mit und ohne Migrationshintergrund.* Eine Expertise für das Bundesministerium für Bildung und Forschung. Berlin.

Ehlich, Konrad (1996) (Hrsg.): *Kindliche Sprachentwicklung.* Konzepte und Empirie. Opladen: Westdeutscher Verlag.

Europarat/Rat für kulturelle Zusammenarbeit (2001): Gemeinsamer europäischer Referenzrahmen für Sprachen: lehren, lernen, beurteilen. Hrsg. Von Goethe-Institut Inter Nationes, der Ständigen Konferenz der Kultusminister der Länder in der Bundesrepublik Deutschland (KMK), der Schweizer Konferenz der kantonalen Erziehungsdirektoren (EDK) und dem österreichischen Bundesministerium für Bildung, Wissenschaft und Kultur (BMBWK). Berlin.

Fried, Lilian (2004): Expertise zu Sprachstandserhebungen für Kindergartenkinder und Schulanfänger. Eine kritische Betrachtung. München: dji.

Grimm, Hannelore (2001): *SETK 3-5 – Sprachentwicklungstest für drei- bis fünfjährige Kinder: Diagnose von Sprachverarbeitungsfähigkeiten und auditiven Gedächtnisleistungen* ; Manual. Unter Mitarb. von Maren Aktas und Sabine Frevert. Göttingen; Bern; Toronto; Seattle: Hogrefe, Verl. für Psychologie

Grimm, Hannelore (2003): *Sprachscreening für das Vorschulalter: SSV* ; Kurzform des SETK 3-5 ; Manual / von Hannelore Grimm. Unter Mitarb. von Maren Aktas und Uwe Kießig. Göttingen; Bern; Toronto; Seattle: Hogrefe, Verl. für Psychologie.

Klann-Delius, Gisela (1999): *Spracherwerb.* Stuttgart; Weimar: Metzler

Heller, Monica (1999): *Linguistic Minorities and Modernity: A Sociolinguistic Ethnography.* London, New York: Longman.

Herkenrath, Annette/Karakoç, Birsel (2004): *Zur Morphosyntax äußerungsinterner Konnektivität bei mono- und bilingualen türkischen Kindern.* Hamburger Arbeiten zur Mehrsprachigkeit 55. Hamburg: Universität.

Hohenberger, Annette (2002): *Functional categories in language acquisition: self-organization of a dynamical system.* Tübingen: Niemeyer

Meisel, Jürgen M. (2001): *The Simultaneous Acquisition of Two First Languages: Early Differentiation and Subsequent Development of Grammars.* In: J. Cenoz & F. Genesee (Hsg.), Trends in Bilingual Acquisition, Amsterdam: John Benjamins , S. 11-41.

Meisel, Jürgen M. (2001a): From Bilingual Language Acquisition to Theories of Diachronic Change. Arbeiten zur Mehrsprachigkeit. Hamburg: Universität.

Montanari, Elke (2004): *Hoe kinderen meertalig opgroeien,* mit Jeroen Aarssen, Petra Bos, Erin Wagenaar. Plan plan Amsterdam.

Montanari, Elke (2003): *Wie Kinder mehrsprachig aufwachsen,* in: Landeshauptstadt München, Stelle für interkulturelle Zusammenarbeit (Hrsg.): Die Welt trifft sich im Kindergarten ... und spricht viele Sprachen. Dokumentation der Fachtagung zu bilingualer und mehrsprachiger Erziehung im Kindergarten, Stadt München.

Montanari, Elke (2002): *Mit zwei Sprachen groß werden*, Mehrsprachige Erziehung in Familie, Kindergarten und Schule, München.

Montanari, Elke (2001): *Fifty ways to Learn Your Languages*, in Sander, G.(Hrsg.): Nicht ob, sondern wie: Migration und Integration.Universität Mainz.

Montanari, Elke Burkhardt (2000): *Wie Kinder mehrsprachig aufwachsen*, Hrsg.: Verband binationaler Familien und Partnerschaften iaf e.V., Frankfurt a.M.

Müller, Natascha/Cantone, Katja/Kupisch, Tanja/ Schmitz, Katrin (2001): *Das mehrsprachige Kind: Italienisch-Deutsch.* Arbeiten zur Mehrsprachigkeit 16. SFB 538: Universität Hamburg.

Nodari, Claudio (1995): Perspektiven einer neuen Lehrwerkskultur. Pädagogische Lehrziele im Fremdsprachenunterricht als Problem der Lehrwerkgestaltung. Aarau/Frankfurt Main/Salzburg.

Oomen-Welke, Ingelore (2003): *Entwicklung sprachlichen Wissens und Bewusstseins im mehrsprachigen Kontext.* In: Ursula Bredel u.a. Hrsg.: Didaktik der deutschen Sprache Bd. 1. UTB Große Reihe 8235. S. 452-463.

Peltzer-Karpf, Annemarie/ Griessler, Marion/ Wurnig, Vera/ Schwab, Barbara/ Piwonka, Dijana/ Akkufl, Reva/ Lederwasch, Klaus/ Brizic, Katharina/ Blazevic, Tina.(2003): *Bilingualer Spracherwerb in der Migration.* Vienna: bm: bwk.

Peltzer-Karpf, Annemarie and Zangl, Renate (1998): *Die Dynamik des frühen Fremdsprachenerwerbs.* Tübingen: Narr.

Jochen Rehbein (2002): Pragmatische Aspekte des Kontrastierens von Sprachen – Türkisch und Deutsch im Vergleich. Hamburger Arbeiten zur Mehrsprachigkeit 40. Hamburg: Universität.

Jochen Rehbein (2001): *Turkish in European Societies.* Hamburger Arbeiten zur Mehrsprachigkeit 25. Hamburg: Universität.

Reich, Hans H./Roth, Hans-Joachim (2002): *Hamburger Verfahren zur Analyse des Sprqachstandes bei 5-jährigen.* Hamburg: Landesinstitut für Lehrerbildung und Schulentwicklung.

Tracy, Rosemarie (2001a) *Sprache und Sprachentwicklung: Was wird erworben?* In: H. Grimm (ed.). Enzyklopädie der Psychologie. Göttingen: Hogrefe, 2000, S. 495-535, (Band-Nr.3)

Tracy, Rosemarie (2001): *Epigenese und Selbstorganisation.* In: H. Feilke et al.: Grammatikalisierung und Spracherwerb. Reihe Linguistische Arbeiten.

Tracy, Rosemarie (1996): *Vom Ganzen und seinen Teilen: Fallstudien zum doppelten Erstspracherwerb.* In: W. Deutsch & H. Grimm (eds.), Sonderheft Sprache und Kognition 15, 1-2, 70-92. Vol. 15 (1996), Heft 1-2, S. 70-92

Tracy, Rosemarie (1995): *Child Languages in Contact: Bilingual Language Acquisition (English/German) in Early Childhood.* Habilitationsschrift, Universität Tübingen.

Ulich, Michaela/Mayr, Toni (2003): *SISMIK. Sprachverhalten und Interesse an Sprache bei Migrantenkindern in Kindertageseinrichtungen.* Freiburg i.Brsg.: Herder.

Zangl, Renate (1998): *Dynamische Muster in der sprachlichen Ontogenese: Bilingualismus, Erst- und Fremdsprachenerwerb.* Tübingen: Narr.